—— 你知道的太多了！

人格心理學、行為心理學

只要你會呼吸，就能搞懂的

日常心理學

郭琳 —— 編著

目錄

目錄

目錄

目錄

目錄

第二篇 行為心理學

目錄

目錄

目錄

前言

心理活動是人腦對客觀現實的真實反映。現代社會高速發展、快節奏的生活使人們產生很大的心理壓力，因此出現各種心理問題和心理障礙，導致許多人心力交瘁、痛苦萬分，卻不知道該如何解決。這些心理問題和心理障礙輕則影響生活品質，重則影響生命安全。

隨著社會的進步和發展，心理學的相關內容已經引起人們的廣泛關注。人們前行的腳步越來越快，相互之間競爭的壓力也日益加劇，這使人們面臨各種心理壓力以及心理戰爭。由於人們對心理的相關知識不足，很可能會產生偏見和誤解，使原先不嚴重的狀況變得嚴重，不複雜的情況變得複雜。本書就是在這樣的背景之下策劃並完成的，希望本書能夠讓您的生活帶來轉變，哪怕僅有一點點。

本書從日常心理需要的角度出發，將知識性、趣味性、可讀性和可用

前言

性融入其中。本書既適合對心理學感興趣的學生、上班族、白領、家庭主婦、無業游民、流浪漢等讀者，也適合所有希望自己的生活能夠變得更好、更隨心的讀者。

第一篇　個性心理學

每個人都有自己的個性，這種個性既有與生俱來的，也有後天養成的。心理學家對所有人的性格進行了分類、研究、總結和歸納，最後按照傾向性，將人格分為九個類型，這就是九型人格。不過每個人都是獨立的個體，有著與眾不同的經歷，而且每種個性都存在與社會融合的問題。因此，個性心理學是非常複雜的，透過對個性心理學的學習，可以讓你更加了解自己。

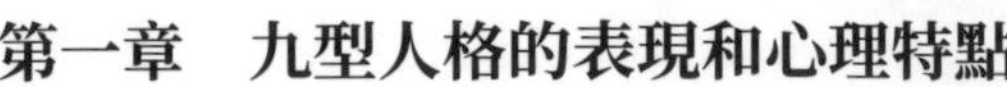

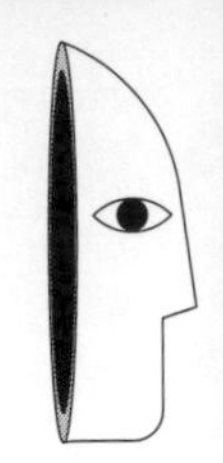

第一章　九型人格的表現和心理特點

大家可以透過網路上的測試知道自己的性格類型，透過對不同性格心理特點和表現的研究，可以讓你在生活中更加如魚得水。為了更了解自己及他人，心理學家將人的性格分為九大類型，分別是：完美主義者、給予者、實踐者、悲情浪漫者、觀察者、懷疑論者、享樂主義者、保護者、調停者。

1.1 完美主義者——追求的一生

一提到完美主義者，人們一下子就會和工作狂、吹毛求疵的人連繫起來。如果你的身邊有這樣的人，那麼多半是件令人頭痛的事。甚至有人總結：完美主義的人適合當員工，但不適合當朋友。這樣的說法自然有它的道理，但也不完全科學。今天，就讓我們走近完美主義者，更全面地了解他們吧！

「我想我是一個不夠完美的完美主義者。」曾經有一位有完美主義傾向的教授這樣介紹自己。一次，他參加一個有關「憤怒」的談話節目，談到完美主義者比較容易憤怒的話題，覺得甚有心得，便滔滔不絕地分享著。就在這個時候主持人突然問道：「請問您自認為是完美主義者嗎？」面對突如其來的提問，他給出了一個完美主義者在此時所能做出的最完美的回答，「我想我是一個不夠完美的完美主義者。」

什麼是完美？完美就是不允許有一絲瑕疵。你會發現，在自己的身邊，總有這樣的一群人，他們苛刻、固執、吹毛求疵，彷彿再怎麼努力也無法達到他們的標準，這一群人就被稱為完美主義者。

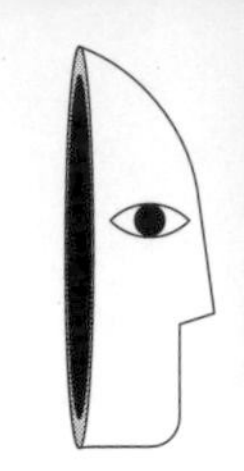

不完美毋寧死

完美主義者有一種求好的心態，因此任何事情都會在萬事俱備的時候才開始，否則就會焦慮、會擔心、會害怕這個過程中出現自己難以掌控的事情，從而影響事情的完美程度。

「要麼不做，要麼就做到最好。」這就是一個完美主義者的邏輯，如果完美主義者要射擊，那麼在教練講完後，他會不緊不慢地走上前，拿起槍，開始瞄準。他瞄啊，瞄啊，瞄啊……幾分鐘過去了，還是沒有開槍的跡象。因為他要在瞄到百分之百準的情況下才會開槍，而事實上，是很難瞄得那麼準的，所以他基本上不會開槍。如果仔細觀察你會發現，讓完美主義者開始做一件事情是很困難的。

完美主義者都有「為完美隨時準備著」的心態。例如，有一個完美主義者在裝修房子的時候為客廳買了一盞漂亮的燈，這個燈由四十個小燈泡組成。有一天，其中的一盞小燈壞了，妻子提醒他趕緊再買一盞。這時，妻子卻會發現他直接從家裡拿出來一盞新的。

「我就知道有一天會壞的，所以提前準備好了。」對於完美主義者來說，他們在做事情之前就已經預測出了種種可能出現的問題，並做好充足的準備，隨時再現不完美中的完美。

缺乏安全感的一群人

有人說，完美主義者之所以對萬事追求至善至美，不是因為他們喜歡美好的東西，而是因為他們缺乏安全感，進而使得他們對失敗有一種恐懼感。

就像一個有潔癖的人之所以反覆洗滌，並不是因為他本身愛乾淨，而是因為他害怕細菌和病毒會傷害到自己，所以才會如此極端。正如不丹僧人宗薩蔣揚欽哲仁波切所說，「恐懼的背後是對確定性的不斷渴求。人心對肯定的渴望，是根植於我們對無常的恐懼。當你能夠覺察不確定性是常態時，當你確信一切不可能保持恆常與不變時，就能升起無畏之心。這時你會發現，自己既能準備好面對最壞的情況，同時又能允許最好的事情發生，既而你會變得高貴而莊嚴。」

測測你是否是完美主義者

如果你要判定自己是否是一個完美主義者，請看看以下幾個問題。

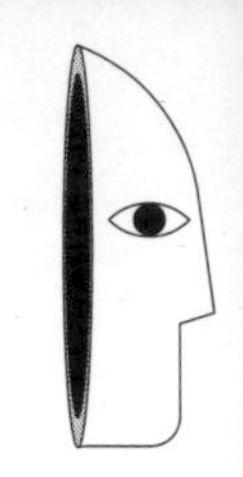

（1）當你在工作的時候，別人說話或打岔時你的注意力是否會被打斷，並且會因此感到惱怒？
（2）當你在計劃購物時，你是否不想理睬對你促銷的人，而是自己去找一些需要的資訊，然後再作定奪？
（3）你是否對那些過得隨便的人感到非常厭惡，並且暗自批評他們對生活不負責？
（4）你是否不停地想，某件事如果換另一種方式，也許更加理想？
（5）你是否經常對自己或他人感到不滿，因而經常挑剔自己所做的任何事或他人所做的任何事？
（6）你是否經常顧及別人的需求，而放棄你自己的需求和機會？
（7）你是否經常認為做任何事都是全力以赴的，卻又希望自己能夠再輕鬆些？
（8）你是否常常在心裡計劃今天該做什麼？明天該做什麼？
（9）你是否經常對自己的服裝或居室的布置感到不滿意，因而時常變動它們？
（10）你是否不斷地因別人沒能一次就把事情做好，而親自重做？

這些問題中，如果你大部分或者所有都是肯定回答的話，那麼，你基本上就是一個完美主義者了。

1.2 給予者——只求付出不求回報

如同世界上沒有兩片相同的葉子，世界上也沒有個性完全相同的兩個人。因此，不屬於同一類的人往往很難走近另一類人的圈子。例如，自私的人常常無法理解慷慨的人，不明白他們為什麼能對別人不計回報地付出。

小張是一所大學的兼課老師，這所學校的管理並不嚴格，尤其對於他所教授的這種非專業課程，學生的出勤率更是非常低。平時在教師休息室的時候，一大群兼課老師們便常常談論學生們的情況，言語中也流露著不認真的態度。

可是小張認為，自己不能因為他們是大學生就不負責，哪怕只有一個學生來聽課，自己也要非常認真才對。接近學期末的時候，班裡的學生越來越少，有幾堂課竟然沒有任何學生出席。有一次，小張就遇到了這種情況。面對空蕩蕩的教室，他的火氣一下子就上來了，覺得自己平時對這些學生這麼用心，並且課講得也不錯，結果竟然沒人來上課呢？

其實，小張生氣的真正原因是覺得付出沒有得到回報，沒有得到應有的肯定，這

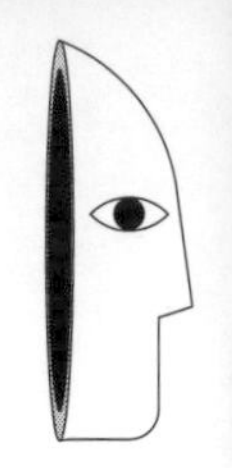

使他開始懷疑自己，是不是課講得不好。其實，他的課講得還算不錯，出現這樣的情況，主要問題並不在他，其他的老師也常遇到這樣的情況，有些則表示沒什麼，還省了上課呢！所以說，小張是典型的「給予者」人格。

每年，走上舞臺的那些人，縱然讓人敬佩，但也讓人覺得那是一般人做不出來的壯舉。這樣的一群人，就屬於我們九型人格中的第二種「給予者」。

在「雨傘效應」裡看見自己

作為給予者性格的人們，他們在下雨的時候，會為自己的同伴提供一把雨傘，然後希望自己能夠依偎在對方的臂彎中，這就是雨傘效應。當然，前提是他們給予了對方東西，一定也是希望得到回報的，這一點很重要，如果讓他們貢獻了雨傘，他們一定也希望自己不要淋雨，這就是九型人格裡給予者的性格特點——為了回報的付出。如果他們記住了別人的生日，一定也希望自己的生日被別人記住。這種做法他們自己也很難解釋，難道自己是為了回報才去做某件事情的嗎？

在生活中，我們常常能看到這樣的人，他們對別人非常地友好、熱情，總是希望自己能夠為他人做些什麼。例如，有些人表現出很友好的分享行為，有些人會捨己

1.2 給予者—只求付出不求回報

救人，有些人會收養很多的孤兒等，這些都讓我們覺得他們就是無私奉獻的給予者。

其實，判斷給予者不能僅僅停留在行為層面上，而應該結合心理層面來看。假如有兩個小孩都去攙扶過馬路的老奶奶，但他倆的內心活動並不一定是一樣的，一個可能是覺得老奶奶行動不方便，確實需要他的幫助，另一個可能覺得老奶奶的確需要幫助，而他這樣做不僅幫助了老奶奶，還能得到別人的讚揚。

從上述兩者的情況來看，後者就是所謂的「給予者」。他們的付出是需要回報的，當然，這個回報不一定是物質的，它在很大程度上是一種精神回報，即別人的肯定和認同。

給予者的特徵

給予者的情緒，在很大程度上是和別人連繫在一起的。他們相信，他人需要他們的理解，自己的家人和朋友需要他們的幫助。如果他們付出的努力沒有被發現或認可，他們會感到遭受了打擊。

給予者往往只看到別人的需要，不斷地付出，甚至是強迫性地給予，而忽視自己內心的真正需要，直到自己無力承受、身心俱疲、情緒變壞，還不明白問題出

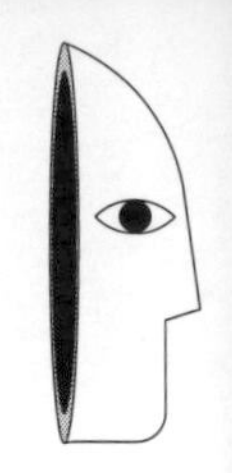

在哪裡。

給予者沒有穩定的自我，因為他們在乎別人的看法。他們說，要想變成別人希望的樣子很容易，要想成為自己卻很難。給予者從小的生活環境讓他們確信：要想生存下去，就必須獲得他人的認可。

這樣的觀念讓他們總是不自覺地改變自己，迎合他人。他們知道該如何表現才能受到歡迎，他們過度的要求獲得他人的好感和認同。

希望成為他人生活中不可缺少的一部分，從中獲得被愛和被欣賞的感覺，願意滿足他人的需求，具有很強的控制能力和多樣的自我——能夠在不同的朋友面前展示不同的自我。

給予者是舞臺上的演員，他們展示的只是他人想看的，而非真正的自己。一個女人可以成為千面女郎。一個男人可以把自身不同的特質分給不同的女人。但這並不意味著他們是在偽裝自我，又是在引誘他人進入虛假的情誼。真正的問題是，他們已經習慣了從他人的正面讚賞中尋求安全感。

給予者的生活以人際關係為導向，他們把人際關係視為維持生存的最重要條件。

1.2　給予者—只求付出不求回報

當然，因為他們願意付出，甚至願意犧牲自己去迎合他人的要求，懂得投其所好，並為他人著想，所以他們的人際關係看來還是不錯的。

為了尋求他人的認可，他們建立了一套靈敏的「雷達」系統，能夠迅速探測到他人的情緒和喜好。給予者說，他們能夠調整自己的感情去適應他人，而且透過這種調整，能夠確保自己更受歡迎。他們還說，他們甚至會強迫自己改變習慣，被迫放棄自己的需要，以此換來他人的關愛。

另外，給予者的人際關係裡還有一個特點——權威關係。他們喜歡權力，也希望得到當權者的愛。他們喜歡扮演宰相，而不是國王。他們透過維護權威，讓自己獲得利益和安全感。

給予者傾向於透過奉承來操控他人。所有人被給予者分成兩類，有價值的和沒價值的，為了贏得那些「有價值」的人，他們會展開競爭。對於比自己厲害的人，他們會施展誘惑；對於不如自己的人，他們則趾高氣揚。

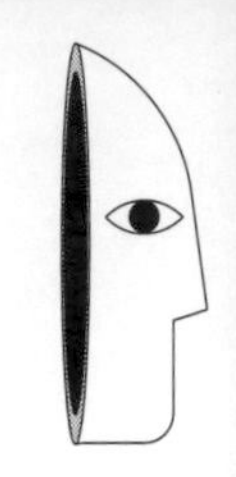

1.3 實踐者——扎扎實實的工作者

如果說上一小節中我們所講到的「給予者」是以人際關係為導向的話，那麼本小節中提到的「實踐者」則是以事情為導向的。前者在乎人際關係的成功與否，而後者更在乎所做事情的成功與否。

渴望成功的實踐者

實踐者一般情況下做事效率是比較高的，他們看中在工作中的表現和成就，喜歡競爭，競爭的目的是為了取勝。因此，實踐者的開拓性是比較強的。如果實踐者是公司職員的話，那麼他們通常都能很好地完成任務。

實踐者的內心以領導者形象自居，就算是普通的員工，在這種人格的驅使下，也會讓有些主管產生「到底你是主管，還是我是主管」的感覺。例如，一群互不相識的人集合在一起去某地旅遊，帶隊的導遊要是還沒出現，實踐者人格的人就非常有可能暫時先承擔起帶領大家的任務。

實踐者渴望成功，渴望成為領導者。他們知道什麼事情才是重要的，然後努力在競爭中取得勝利，享受著成功的快樂。一般來說，「實踐者」更喜歡單槍匹馬「辦事」，但是當「實踐者」接受了團隊的力量後，他們也能夠從集體的角度，推動著工作的進行。

情商不高的一些人

實踐者一般情商不是很高，因為他們太過於關注事情本身，而忽略了人際關係的培養。也就是說，他們和同事建立起來的關係基本上都是工作關係。這在這個以人際關係為導向的社會中多少是有些吃虧的。

再加上實踐者太過渴望成功，而有成功就有競爭，有競爭就有傷害。一般人都是以和為貴的，因此實踐者的這種性格經常會因為自己的追求而傷害到一部分人的利益，而在傷害之後，又不善於去處理，因此導致矛盾的循環。

當然，這並不代表他們會為了自己的利益而去惡意競爭，故意傷害他人利益。對於實踐者來說，這一切都是無意的，有時他們甚至沒有意識到。

實踐者性格的人太在乎事業本身，所以他們難以了解個人的感覺，往往在工作時把情感放到一邊。例如，一個實踐者性格的人如果需要經常加班的話，他很難接受

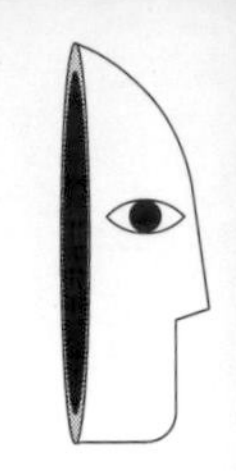

伴侶打電話要他陪伴的要求。

人際關係的弱勢

正如每一種人格都有自己的劣勢一樣，實踐者也有自己的人格劣勢。因為很難保證每一位實踐者都能成為公司、企業、大學、研究所裡的領導者，那麼在實際工作當中，當實踐者的領導魅力突顯時，站在一旁的真正的「上級」的內心多少會存有芥蒂，會產生地位被侵犯的感覺。也就是說，他們的人格劣勢主要是人際關係方面的。

在同級的同事關係中，也很難接受這種處處想出頭的人作為搭檔。如果工作搭檔是九型人格中的「懷疑論」者的話，這種人際關係就更為複雜了。

例如，在工作中，實踐者的「主管」天性總是不由自主地流露出來，在與人講述工作進程、實施計畫時，無意中會忽視了出謀劃策的「懷疑論者」，這會讓「懷疑論者」感覺不舒服、被搶了風頭、受到了冷遇。於是，他會把實踐者的實際行動看成是蓄意地誇大自我行為，並且最終也是為了謀求實踐者自身利益。

1.4 悲情浪漫者——傷春悲秋的浪漫氣質

《紅樓夢》中的林黛玉會傷感，也會吟詩，她的一生就這樣悲情並浪漫著。在現實生活中，這樣的人在我們看來似乎略顯「矯情」。但是，這並不是他們故意裝出來的樣子，而是固有些人格所致。

有一樁凶殺案，凶手李某就是一位九型人格中的悲情浪漫者。李某在未成年時和母親、繼父生活在一起，家庭的破碎不可避免地帶給他被忽略與被遺棄的痛楚，而這幾乎是「悲情浪漫者」共同的童年記憶。

李某的高中沒能讀完，他的母親對他也很冷淡，在他滿十八歲時即把他逐出家門。強烈的被忽略與被遺棄的感受會使「悲情浪漫者」形成頑固的自卑感——「我失去愛是因為我不配得到愛，我毫無價值。」使自我否定與遙不可及的理想造成令人難耐的巨大壓力。

離開家後，李某便隻身一人到他鄉謀生，因為沒有任何學歷和謀生技能，所以只能去餐廳做苦工，在那裡，他認識了工讀生韓某，不久兩人便成為戀人。但是這樣

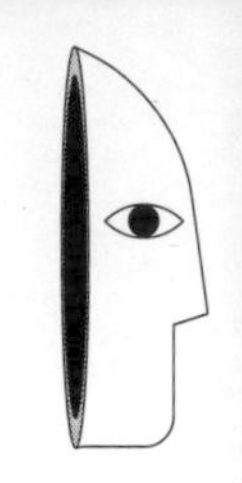

的日子並沒有維持多久，李某因為一次和顧客發生口角而被開除，女友也隨即提出了分手。

遭受到失業、失戀的雙重打擊，李某從小因為被拋棄而產生的憤怒感被徹底激發，在失去理智的情況下，他殺害了前女友。

李某就是典型的悲情浪漫者，他們敏感、憂鬱，有些時候可能會因衝動而做出錯事，但是其實他們骨子裡並沒有惡，他們只是被情緒所困，那麼就讓我們來看看他們的思想根源吧。

童年：並不美好的回憶

每個人定位於九型人格的九宮圖循環線的哪一點上，既取決於他（或她）「出生時的內分泌腺平衡」，更受制於他獨特而失衡的早期際遇——蘇珊・贊諾斯。

對於悲情浪漫者而言，他們童年的成長氛圍並不好，一般會有兩種，一種是在童年時遭到拋棄，這裡的拋棄是廣義的拋棄，也包括類似父母離婚、從小交給外人養大等情形；另一種是生活在充滿憂鬱的家庭中，大人身上的痛苦被孩子感知了，尤其是那種父母不得志而鬱鬱寡歡的家庭。

情緒：憂鬱的孩子

悲情浪漫者最主要的情緒狀態就是憂鬱。他們被這種情緒所吸引，就如同在迷失和痛苦的土地上，發現了一座扭曲情感的庇護所。這種情緒和抑鬱一樣，都產生於缺失感，但不同的是，憂鬱能帶來甜蜜的遺憾。

悲情浪漫者總是頑固地把守情感的黑暗面，他們寧願保持自己的獨特性，哪怕是痛苦的，也不願意成為一個快樂的普通人。在他們看來，憂鬱情緒中的悲傷是美好的，如同一片荒涼海岸上的迷霧。

與普通人相比，悲情浪漫者更願意接受強烈的憂鬱感。他們認為，憂鬱是生活的一部分，這種情緒能讓他們的生活得到昇華。

此外，他們還有第二種情緒——憤怒。悲情浪漫者的憤怒並非對他人的憤怒，而是內心的自責，認為自己沒有做好，對自己強烈不滿。這種自責常常讓他們感到無助，會長時間地感到不知所措。

在他們看來，沒有什麼是永恆的，因為他們的情緒說變就變。

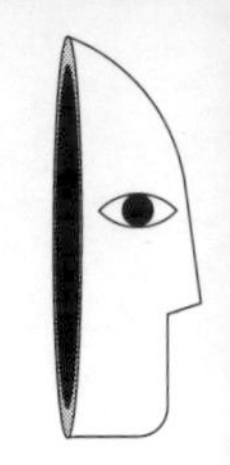

愛情：遠看一朵花，近看一個疤

他們是渴望得到愛的人，並且他們想像中的愛情是完美無缺的，但是這個完美畫面往往會被現實生活中那些令人厭煩的時刻給破壞。如果他們必須關注現實生活中的瑣事，比如收拾伴侶的襪子，或者容忍他人的某種特性，他們就會變得非常憤怒和失望。

他們還會把這些小問題放大，伴侶身上的任何小毛病都會變成不能容忍的刺激。但是一旦雙方的關係恢復了距離，悲情主義者又會開始思念這種親密感。

他們的愛情經常是分分合合：擁有的時候推開，得不到的時候又拉回來。他們特別渴望激情四射、能夠帶來滿足感的兩性關係。他們不願意接受「普遍情感的平淡」，不願意承認自己和別人一樣，而需要透過缺失、想像和戲劇性的行動來重新加固個人的情感。

1.5 觀察者——冷靜的分析者

說觀察者屬於冷靜的分析者並不合適，其實，他們更像是一個孤獨的旁觀者。在自己造就的城堡裡，安靜地看著外面的一切，而這個城堡，是築在他們心裡的一道圍牆。

在外人看來，小琴是一個十分獨立的人。在工作中，她基本上不需要和別人進行交流，就能處理好問題。當然，這並不是說她的性格不好、人際關係很差等。

其實，她雖然不怎麼和大家接觸，但當有人需要她幫忙時，她還是很友善的。因此，對於她平時這種貌似「不合群」的行為，大家也不太計較。對小琴來說，和大家一起合作做一項任務是令人非常痛苦的一件事。

就連生活中，她也不喜歡別人的介入。平時下了班或者週末，同事們經常會約逛街、郊遊，對於這種集體活動，小琴向來是能推就推。甚至，有人懷疑小琴是不是曾經受過什麼傷害，導致她現在的社交能力受到影響。

其實不是的。小琴這樣的性格是從小就有的。早在幼稚園的時候，老師就發現她

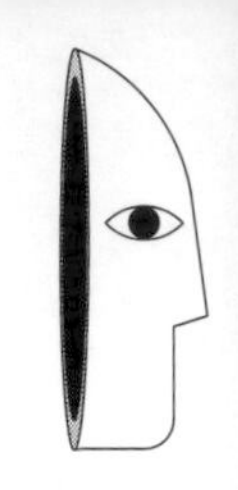

和別的小朋友不一樣，總是一個人玩，或者安靜地發呆。對於一個孩子來說，出現這樣的行為大人還是多少會擔憂，媽媽擔心她將來適應不了社會，無法生存。可事實並不是大家所擔心的那樣。

在這樣的性格下，小琴還是慢慢地長大了，除了依然不怎麼喜歡主動和人說話外，其他方面的能力並沒有受到明顯的影響，而且事業發展得還不錯。

正如小琴一樣，觀察者有他們自己獨特的個性。

穿著盔甲的心靈

他們喜歡待在家裡，把電話線拔掉，過著與世隔絕的生活。觀察者的內心就如同一座壁壘森嚴的城堡，只有頂部開了幾扇很小的窗戶。城堡的主人很少離開，總是躲在高牆後，偷偷審視著那些前來敲門的人。

他們的內心就像披上了一層厚厚的盔甲，用這層盔甲來抵禦外界的侵略，同時保護自己不被他人入侵。對觀察者來說，外面的世界充滿了危險和侵犯性，他們不願意到外面去，而寧願待在自己的城堡裡，哪怕一無所獲。他們的防禦策略是撤退，盡量減少接觸，把自己的需要最簡化，盡量保護自己的私人空間。

他們非常獨立，能夠一個人幸福生活。他們的需求很少，能從自己的精神生活中找到巨大的樂趣，不會為瑣事浪費時間和精力。他們之所以如此獨立，是因為他們能夠把自己的注意力從情感和本能中抽離出來，並強迫自己生活在自己的思想裡。

請保持安全距離

在工作場合中，觀察者對他們的工作夥伴、屬下，甚至工作本身的需求都小心翼翼，他們喜歡獨立作業，不喜歡無聊的規定及過度的會議，不喜歡受到嚴密的督導。「沒有人能真正了解我所做的一切，我喜歡關上門工作的自由。」

但是，我們每個人都是生活在社會中的，這就要求我們必須與人接觸。遇到這種情況，觀察者往往會有自己的方法。他們會讓他人去完成與社會的正面接觸，然後透過電話向他們匯報。他們總是避免與社會產生連繫，他們喜歡不干涉、不參與、不涉及的狀態。

對他們來說，安全距離就意味著「不被包括在內」，除非他們獲得的親密關係能夠保證他們的獨立，否則他們就會想辦法逃避，或者把這種親密接觸從生活中隔離出來。

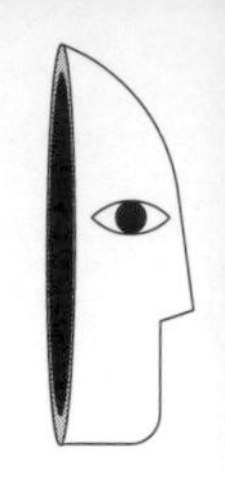

觀察者對那些深奧的科學，尤其是能夠解釋人類行為的系統知識特別感興趣。透過掌握一門系統的學問，如數學、心理分析學等，他們就能從思想上理解事物的相互作用，就能在系統中找到自己的位置。

觀察者需要一個自己的私密空間，在那裡，他們會有更深層次的情感體驗。他們沉寂在「隱士」般的快樂中，接受並享受著這一切。

1.6 懷疑論者——疑神疑鬼的一群人

懷疑論者的基本性格特徵是用思想代替行動，懼怕權威，逃避成就。原因是他們克服不了內心的恐懼和疑慮，因為他們容易對周遭人的行為產生懷疑，並且總是事事往壞處想。

劉志峰是典型的懷疑論者。在工作中，如果一個企業能給予他明確的任務及相當的重視，他就會對該公司作出相應的忠誠，哪怕犧牲自己的利益，也在所不惜。如果公司一直都能夠給予其足夠的安全感，他就不會辭職。

1.6　懷疑論者—疑神疑鬼的一群人

但是，前不久發生了一件事情，讓他決定離職。原來，公司本來有一次去海外學習的機會，大家私下都說他是最好的人選，老闆似乎也暗示過這一點，但最終定下來的卻是另外一位新人。於是，他就開始懷疑，他們之間是不是有什麼關係啊，是不是他被人擠下去了等。

懷疑論者一旦對所信任的人產生懷疑，那麼他們對信任對象的忠誠馬上就會遭到破壞，並且會立刻採取行動，即要麼辭職（逃避），要麼反抗（反恐懼）去消除這些疑慮，劉志峰則選擇了前者。

像劉志峰這樣的懷疑論者其實還有很多，下面我們就從幾個方面來看一下懷疑論者的具體特點。

可信任的懷疑論者

懷疑論者是有責任心的、可信賴的人。他們對家庭、朋友、同事絕對忠誠，並不像人們所認為的那樣處處懷疑，而是可信賴的。但是，他們的忠誠和可信賴是有前提的，即你得讓他們感到足夠的安全感，他們才會毫無保留的付出。只要有一個讓他們安身立命的奮鬥目標，他們便可以完全放下自我，鞠躬盡瘁，死而後已，是十

分忠誠的左右手。

懷疑論者忍受不了一絲的不信任感，因此如果你讓他感覺到了被懷疑，那麼，他會立刻作出行動來逃避這種不信任感。

懷疑論者有很強的分析能力。他們感官敏銳，警覺性高，能覺察到潛伏危機，對任何弱點都很敏感，善於站在反對者的立場上思考，喜歡唱反調。正是由於他們這種敏感和喜歡唱反調，才決定了他們分析問題深刻且全面。

成功恐懼症

懷疑論者最典型的一個特徵就是恐懼成功，有破壞成功的傾向。當成功已經清晰可見時，反而無法有效前進，找不到反對力量就無法集中注意力，於是懷疑開始出現，從而把本來可以辦好的事情搞砸。

還是接著本文一開始的例子講。劉志峰讀國中時是排球校隊的，平時所做的練習都是為了參加聯合賽。對於特別需要別人關注的青少年來說，能代表學校參加比賽是一件很值得自豪的事情。同樣，劉志峰也感到非常自豪。但是臨近比賽的時候，他突然覺得自己做不到，他發現他的發球水準變得很不穩定，幾乎每次到模擬賽的時候就會開始胡思亂想，帶著嚴重的疑慮情緒，平時練習時相當好的發球技術，一到比賽場地就不行了。這是因為他給自己帶上了沉重的心理負擔，他開始懷疑自己的能力，懷疑自己能不能做得到，正是這種心理負擔致使他的技術沒有發揮出正常水準，最後竟然變成了一個替補選手，從沒有獲得過上場的資格。

從本節中我們可以發現，劉志峰在小時候就有這樣的人格傾向。其實對於大部分人來說，他的人格特徵在小時候就已經形成了。因此，家長要仔細觀察，對於不良性格特徵的孩子要及時糾正。

1.7 享樂主義者——享受生活的族群

享樂主義者是九型人格中的第七種人格，又稱為活躍型、通才者和創造者。他們對事情容易激動並且非常狂熱，是典型的外向人，對每一種刺激都有立即的反應，發現事事皆令人興奮、鼓舞，並且容易陶醉在其中。

美少年納西瑟斯愛上了自己在水中的倒影。有一位仙女厄科（Echo）卻深深地愛

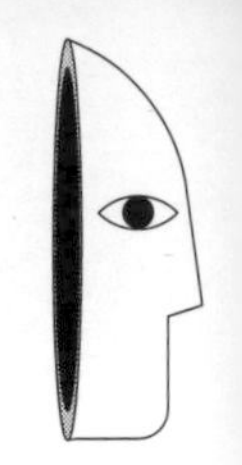

上了他，但是納西瑟斯只關注自己的美貌，他根本沒有聽到仙女厄科在呼喚他的名字。傷心的仙女最後化作了一縷回聲，而納西瑟斯最終望著自己的倒影憔悴而死，化作了美麗的水仙花。

像神話中的納西瑟斯一樣，享樂主義者非常迷戀自己的青春，希望自己是永遠長不大的孩子。他們是快樂的、有朝氣的、易興奮的人，活潑而精力充沛。就像當年那些年輕的嬉皮一樣，他們脫離世俗、自由奔放、回歸簡單的生活，把社會最大限度地理想化。

情緒：「少年不知愁滋味」

樂觀是享樂主義者最基本的情緒。他們的一生都需要新鮮感，崇尚潮流，不喜承受壓力，怕負面情緒。他們想過愉快的生活、想創新、想自娛娛人，渴望過比較享受的生活，把人間的不美好化為烏有。他們喜歡投入體驗快樂及情緒高昂的世界，所以他們總是不斷地尋找快樂、體驗快樂。

享樂主義者不會表現出焦慮。他們看起來從不害怕。其實他們也有害怕的時候，只是通常他們能夠用自己的想像化解恐懼。他們給人的感覺很放鬆、很陽光，喜歡

1.7　享樂主義者—享受生活的族群

計劃並把計畫付諸行動。他們對生活充滿了希望，把思想集中在對未來成功的規劃上，多疑症狀並不會在他們身上出現。

性格：自戀的孩子

每個人都需要一點點健康的自戀。在生活中，我們都需要發現自己獨特的價值和特質。但如果我們過於沉迷自身的獨特性中，而忽略甚至扭曲一些客觀現實，那就有問題了。

享樂主義者就是這樣的人，他們堅信自己是出類拔萃的，他們只尋找那些支持他們觀點的環境和人，希望享受生活中最美好的一切。他們堅持理想中的現實，但是又無法讓這種理想狀態在現實中實現。他們的態度變得極度主觀，個人身上的任何特點都被高度強調，自我欺騙的效應越來越嚴重，「哼，我就高興我是我！」這種內心的毒藥取代了改變外在的要求。

行動：在計劃中進行

享樂主義者相信生命是沒有止境的，總是有令他們感興趣的事情等著他們。

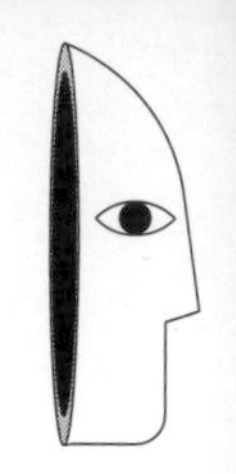

他們喜歡同時擁有多種選擇，並且為自己同時安排很多後備計畫。從防禦策略上來看，根據一系列連續的選擇來計劃未來，能夠增強生活中的愉悅感，消除枯燥和痛苦。例如，和朋友約好週末去爬山，他們就會考慮到如果下雨了怎麼辦，於是他們會再準備某些室內活動。

工作：刺激比金錢更重要

享樂主義者對創造性永遠充滿興趣。因此，他們適合做一些挑戰型的工作。例如，出色的網路工作者、智囊團的策略提供者。在工作的初始階段，享樂主義者的作用尤其明顯。他們願意去嘗試，願意把新的理念注入想法中，並從反對者身上發現共同點，從而去發現所有事情的美好一面。

因為他們天生樂觀，所以他們擅長帶動周圍人的積極情緒，這就為團隊工作提供了很好的保障。他們對於冒險的計畫充滿了興趣和能量。他們願意為一個有趣的專案、一個有意義的目標努力工作，而不是像其他人那樣為了薪水和個人利益工作。

對於享樂主義者來說，快樂比什麼都重要，因此他們經常掛在嘴邊的一句話就是：「只要開心就好！」

1.8

保護者——適合當英雄的性格

說保護者適合當英雄，是因為他們敢作敢為的性格。他們非常擅長領導一大群人向正確的方向前進。這和觀察者是不同的，觀察者更願意一個人做正確的事情。但保護者不行，他們身邊需要一群忠誠的夥伴，來與他們一起作戰。

讓世界充滿挑戰

保護者非常適合並且渴望當領導者。他們追求權力，認為若沒有權力，就沒有人會愛自己、欣賞自己。他們喜歡做大事，是絕對的行動派，一碰到問題便馬上採取行動去解決。他們自信、堅定，是敢說敢做、直來直往的人。

在保護者的字典裡沒有「難」這個字，如果他們設定了目標，就會帶領一群人奮力衝向這個目標，而且那種堅定的決心和勇往直前的力量，使他們能夠衝破重重困難和阻礙。即使在實現目標的途中遇到了挑戰和障礙，他們的解決方法仍然是直來直往，不太會變通，也不太會迂迴。

保護者有一種強大的自信和意志力，他們那種自強不息的信念，一直在驅動著他

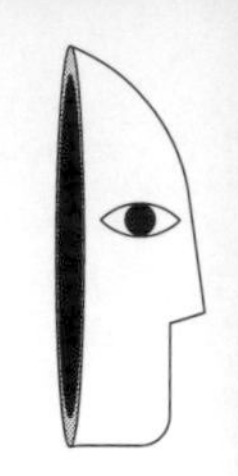

們，無論遇到多大的困難、挑戰，他們都相信一定能解決，一定能衝過去。

他們有很強的爭勝及控制的欲望，喜歡向難度及規範挑戰，是「明知山有虎，偏向虎山行」的性格。

強烈的保護欲

保護者的美德是他們非常善於保護下屬。在下屬遇到困難和挑戰的時候，他們都能勇於出面，直接幫助下屬解決。他們願意保護和鼓勵他人，但前提是手下能夠服從他們，滿足他們的控制欲。

對於他們來講，最重要的就是控制、帶領和保護、主持正義、維持公平。這裡的控制既要控制人，也要控制環境。否則，保護者也能惡化至威逼令人就範，在組織內外創造多餘的敵人。

處於最佳的狀態時，保護者是寬宏大量和慷慨的，利用個人力量來改善他人的生活。在保護者的團隊成員中，他們一定是伸張正義、打抱不平的「老大」。他們認為這個世界充滿了挑戰，人生的目標就是要戰勝環境、貢獻社會、鋤強扶弱、打抱不平。

特殊的溝通方式

當領導者的人有個特點，就是乾脆、俐落，因此和他們交流，說話盡量說重點，這樣他們才不會不耐煩，並願意聽你陳述。此外，他們喜歡以爭執的方式來解決問題。或許在你看來，兩個人之間一旦起了衝突，就表示不能再交流下去了。可是，衝突對他們而言是進一步溝通的開始，而非結束。他們覺得這樣很過癮、很有效。但是如果你覺得這樣的方式讓你感覺不舒服，不妨直接告訴他們你的感受。不管是恭維，還是批評，都不要拐彎抹角，要直接。這也是跟他們溝通的最好方式——直接、說重點。

有支配欲的領袖者

保護者又名「領袖者」，因此他們具有豪爽、不拘小節、自視甚高等特質。他們清楚自己的目標，並努力前進。由於不願意被人控制，且具有一定的支配力，所以在一般無組織的活動中，如果你發現誰主動挑起安排大家的責任，那他非常有可能是「保護者」型的人。

但是，這樣的人由於都比較好勝，有時候會對人有點攻擊性，讓人感到壓力。

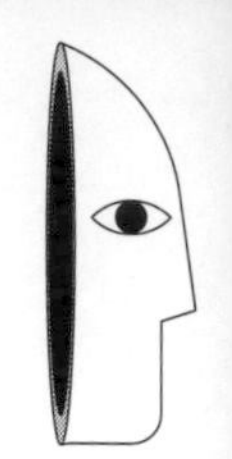

因此，保護者要多注意培養自己其他方面良好的性格，將自己的支配欲控制在一定範圍內。

1.9 調停者——喜歡解決問題的人

如果你覺得前面的八種類型都多少和自己有些像，那麼你就非常有可能是第九類型——調停者。

有人說，第九類型的人是人格中真正的大師。這是因為他們總能體會並理解到每種人的內心。

說調停者是喜歡解決問題的人，不是指他們喜歡解決學習、工作、生活中遇到的問題，而是說他們喜歡解決人與人之間的問題，也就是「衝突」。

大家都說張婭辛是和事老，有什麼問題都喜歡去找她解決。曾有一個朋友，平時不積極、不上進，還總是會冒出很多鬼點子，今天想做這個，明天又跑去做那個，每次都是三分鐘熱度。時間長了，當她再有什麼新的「理想」時，大家也懶得去理會了。可是張婭辛不一樣，每次都會耐心地聽並鼓勵她。

但是，張婭辛也曾碰到過委屈的事情。那是大四畢業前的一個月，宿舍裡有一個同學突然說不參加論文口試了，堅決要走。當時大家都著急了，全體出動勸她，無非就是告訴她無論如何都要繼續把這一個月堅持完。只有張婭辛，站在了她的角度，完全體會到她的內心感受，覺得這位同學有自己的苦衷，可以理解，但自己也並不表態要支持。所有人都認為這是無法理解的，她們當面指責張婭辛沒有立場，總是中庸的態度。可是張婭辛認為，每個人都有選擇生活的權利，為什麼大家一定要說她錯了呢？

神祕的平衡能力

調停者善於解決矛盾，是人群中的維護者。他們具備創造平衡的神祕能力，同時能在相反的意見中看到真理，並且能正直地由一個立場轉向另一個立場。

有時我們遇到這種人，一會兒覺得張三說的有道理，一會兒又說李四也不錯，不了解的人會以為這個人不誠實，善於奉承。其實，這個人非常有可能是調停者類型的人。支持雙方的觀點不代表他們搖擺，而是他們確實能從雙方的角度出發，理解

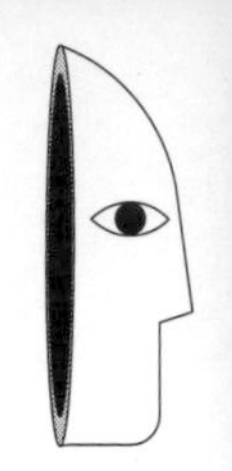

他們的心情。

由於調停者具有認同別人的天賦稟異，能使所有發生衝突的派別產生被聆聽和被了解的感覺，所以那些人才願意聽他們的話，並最終達成共識。

團隊中必不可少的人物

因為調停者可以同時看到許多不同的方面，所以他們是每個團隊中必不可少的人物。他們總是能意識到每個人的特長、每個人對團隊的貢獻，甚至有時連當事人都未必察覺得到。

每一個人都喜歡被人重視、被人了解。正因為調停者具備這樣的天賦，所以他們總能得到身邊人的認同，在團隊合作中，人們也願意聽他們的話。在最好的狀態下，調停者知道如何激發工作夥伴並表現出最好的一面。

拒絕他人是一件非常困難的事情

每種人格都有不足，對於未進化好的調停者來說，他們的缺點是不知道如何拒絕他人。如果有人對調停者發出請求或要求，他們通常不知道該如何拒絕。對於很

1.9　調停者—喜歡解決問題的人

容易受到他人情感影響的第九類型來說，說「不」是相當困難的事情。他們更願意對他人點頭，同意他人的觀點，而不是公開表達自己的異議，因為他們害怕分歧會導致分離。

但是，這並不代表調停者會放棄原則。對他們來說，順從只是表面上的，他們內心對自己還是有保留的，如果不觸犯到他們心底的最低防線，他們會給予他人最大限度的包容。一旦確定了某個立場，調停者堅持這個立場的頑固態度就像當初他們不願意選擇立場一樣堅定。

他們心中最自然的選擇就是中立，對兩邊都作出承諾，但是都不確定。調停者也被稱為和平維護者，因為他們天生的矛盾心理讓他們能夠同意衝突雙方的觀點，但是又不會完全成為某一方的支持者。

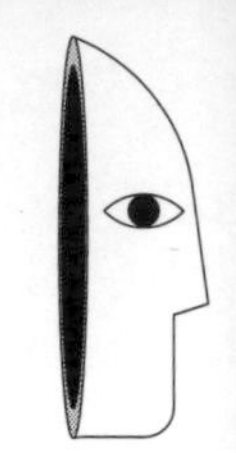

第二章　九型人格與健康心態

在認識九型人格之後，就可以針對每種人格的弱點加以分析，並找到克服這些弱點的方法。因為每種人格都是不完美的，了解不足後才能夠進步，所以每種人格都有進步的空間。發揮自己的優點，避免性格中的各種缺陷，會讓你的人生變得更加完美，也會讓你的生活更加美好。

2.1 完美主義者——過分追求完美會受傷

完美主義者非常注重細節，做事情認真謹慎，但完美主義也會帶來諸多弊端，如焦慮、害怕失敗，在人際關係上也會產生一系列問題。因此，我們提倡做事力求完美，但做人切不可追求完美，否則會出現很多問題。

李敬宜今年十六歲，身材高䠷，容貌姣好，成績也很優秀。幾乎每學期都被選為「模範生」、「優秀班級幹部」，而且又善解人意、討人喜歡、樂觀活潑。是一個各方面都很不錯的女孩。

但最近，她發生了一些奇怪的變化。看到成績好的同學解課外難題的能力很強，會突然產生很自卑的感覺，覺得自己能力不如他們，擔心期末考試會落後於人。

她生性好強，對自己各方面要求都很嚴格，總覺得自己不完美，不如別人，不甘於落人之後。她會不由自主地和街上的每一個女孩甚至女人比較，比較的結果總是讓她覺得自己一無是處。

李敬宜的這些心理和行為變化與「完美主義、自我要求高」有密切關係。苦惱的

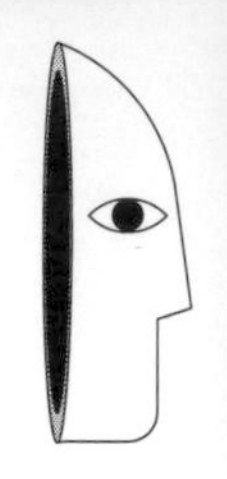

心情，是每一個完美主義者必須要經歷的。因為這個世界本來就是不完美的，可是他們追求完美，當目標不能達成時，總是會失望、傷心的。

因為她距離自己的既定目標仍然很遠，所以自卑。長期在自卑心理的影響下，再加上不斷的未達到設定目標的挫折感的作用下，憂鬱、焦慮、強迫等情緒也就自然而然地發生了。

你有強迫症和拖延症傾向嗎

強迫症被喻為心理障礙裡的癌症，治癒率非常低。它的人格基礎就是完美主義人格。因為追求完美，所以怕出錯，在做事情的過程中，才會一遍一遍地要求自己，直到最後，自己都控制不住自己反覆的行為習慣。雖然在內心深處，他們也知道這樣做是不應該的。

拖延症也是其中之一。這是因為完美主義者總是試圖把事情做得非常好。他們很注重細節，總想著如何把事情做到不出錯。然而，這也就拖延了工作進度。

再者，完美主義者喜歡一切井井有條。例如，寫東西之前，總要先清理好書桌，找齊需要的參考書，泡杯熱茶等，這樣自然而然就減慢了工作進度。拖延帶來了無休止的焦慮，影響著人們的健康和心情。

完美主義者的糾結情感

以下是一位戀愛中的完美主義者的獨白。

「我一直是一個完美主義者，這一點在我的感情生活中，淋漓盡致地表現了出來。每每在我飛上天空的時候，現實總會無情地把我摔落下來。

剛開始跟小康在一起時，生活真的是非常地幸福開心。我以為，我們會一直這樣幸福地開心下去。可隨著時光的流逝，我發現原來我們的愛情和別人一樣，也會吵架、也會誤會、也會冷戰。那個曾經被我視為王子的他原來也會喝醉、也會把臭襪子亂扔，甚至有的時候會忘了沖馬桶。

原來距離真的可以產生美，兩個人走得太近了，也許並不是一件幸福的事。如果不能讓我一直留在天堂，那就不要把我從地獄裡帶出來，讓我沉淪下去吧。這忽上忽下的感覺比沉淪更讓人感覺痛苦。我想我是把自己放在理想的完美世界裡了。」

完美主義者談戀愛，注定是會受傷害的，因為他們把一切想得太美好了，他們只

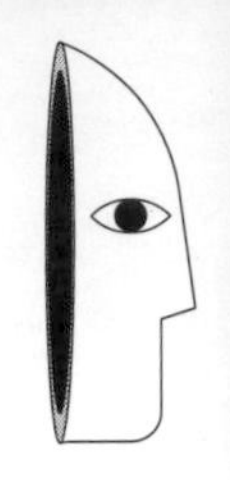

接受想像中的世界，而非現實。就像一句話說的那樣「在中世紀的時候，人們是無法想像淑女也是會上廁所的。」

他們不願意接受這個世界低俗的一面，因此對於完美主義者來說，他們的愛情僅能停留在熱戀期。和完美主義者談戀愛，也注定會受到傷害，因為他們絕對不會滿足於自己對完美的追求，同樣會要求身邊的人也這麼做，尤其是戀人。而這時總會引起戀人的不滿，他們會認為：「既然我在你的心裡那麼糟，你的要求我也達不到，那就分手算了。」

其實一些人不知道，正是出於愛，完美主義者才這樣要求的，這是因為他們把對方當成自己人了。

2.2 給予者——不要認為自己是不求回報的聖人

表面上看來是不求回報的給予者、好人，實際上隱藏在他們行為背後的內心是一種控制欲。他們希望透過付出來得到他人的認可，進而反過來對自己好。因此，大

2.2 給予者—不要認為自己是不求回報的聖人

家公認的好人型「給予者」的行為也充分地證明了一句古語「人不為己，天誅地滅」。

小惠是人盡皆知的模範女友，上得廳堂下得廚房。她把男友當孩子養。兩人同居，她包辦家事，他下班回來，她為他按摩。他找不到任何東西，只需要問她，她就會馬上送到面前……他離不開她，因為他提出的任何一項要求，她都不會拒絕，他可以任性，可以得寸進尺。

她不需要他付出，她只要他依賴她——似乎很多男人都期望有這樣一位妻子。可是有一天，他突然發現，他不習慣忍受別人的拒絕，對上司也想得寸進尺，甚至發現自己什麼都不會做了，離開了她，似乎連飯都不會吃了……

這就是控制欲的愛情暴力，它就像毒品，讓人爽卻讓人永遠離不開，透過溺愛，讓人依賴，讓人失去基本的生存能力進而必須依賴他們，才能活下去。「除了我，你再也找不到對你這麼好的人了」就是這種愛情暴力的座右銘。

發現自己的控制欲

給予者表面上是為了對方好，是為了對方才付出自我，實際上是為了滿足自己的控制欲，把對方的心控制在自己身上，讓對方離不開他們。這樣的給予者在愛情

裡，就會出現一種叫「愛的暴力」的情況。

愛情裡的給予者，歸根到底就是控制欲的一種實現。給予者一定要發現自己的控制欲，因為每個人都是獨立的，不要試圖影響並控制他們。

找到自己真正的價值

給予者太在乎他人的感受，以至於有些人會根據他人的觀點來改變自己。歸根到底，這都源於他們找不到自己的人生價值，不知道自我的價值到底是什麼。在他們眼裡，他們的價值就是為了和周圍的人保持一種友好和諧的關係，並得到每一個人的認可。

典型的給予者人格的百分之八十都是在為他人的看法而活。因為眾說紛紜、標準不一，所以他們往往活得很累。

愛情裡的給予者找不到自己的真正價值。他們為了滿足另一方的口味，甚至放棄自我。可是，對方或許會因為他們沒有了自我而變得退縮。因此，對於給予者來說，無論什麼時候，都要敢於做最真實的自己。

敢於愛自己的人才會愛別人

只有敢於愛自己的人，才會愛別人，才會接受別人的愛。不會愛自己的人也很難會愛別人，愛別人也往往是不真實的、虛偽的。是的，給予者的愛表面上看來是忘我的，實際上是虛偽的。他們愛的不是對方，而是在乎愛對方時自己的感覺。

如果給予者能夠放開任何人，拋開任何顧慮，徹底地真正為自己活上一段時間，那將是他們愛自己的最初步的表現。要讓心靈關注自己，而不是別人。

健康的給予者，應該是既關注自己，也在乎別人的人。

2.3 實踐者——太專注目標會讓你失去很多

實踐者是理性的，他們一般不太愛與人閒聊和說笑，給人第一感覺是比較嚴肅和冷淡。的確，由於實踐者的理性大於情緒，因此某些時候比較缺少人情味。所以在他們的生活中，缺少的、並且經常會失去的也就是「人情」。他們雖然常常刻意保持低調狀態，但也掩飾不住他們強烈自我的性格。

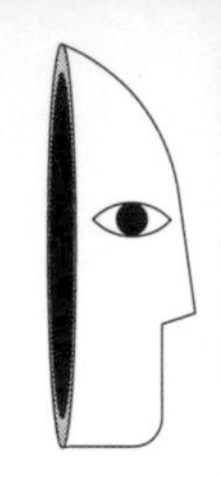

工作對於實踐者來說，始終是放在第一位的，而且他們的目的和目標非常明確，甚至有時為了達到目的，可以像變色龍一樣去改變自己的個性、形象甚至態度。

失去良好的人際關係

因為工作在實踐者的心中是非常重要的，所以他們會忽略人際關係的重要性。在第一章的時候我們已經講過，實踐者的人際關係並不怎麼好，就算他們會主動和人交往，但這種交往也是建立在工作基礎上的。

不管在日常工作還是生活中，實踐者常堅信自己永遠是對的、是最好的、是沒有任何缺點的。即使他們在工作、生活中犯了錯也不會輕易認錯的，而且還能找到一些理由和藉口去解釋和應對。

這樣的人和誰相處應該都不會是融洽的。因此實踐者的某些表現，有時的確讓人感覺霸道、固執、不可理喻。再加上在工作中，實踐者有很強的、當領導者的欲望，這就給其他同事壓迫感。

人們不喜歡和實踐者一起做事情。所以對於實踐者來說，最好能夠坐在領導者的位置上來指揮大家，否則，作為一般的、同級關係的同事，是很難接受他們的。

因此，希望實踐者凡事不要太過自信，要多自我檢討和勇於承認自我的缺點，這樣才更有利於自我完善和自我進步。在人際交往的過程中適當使用這一條策略——適當地暴露自己的缺點，這樣才能吸引別人靠近自己。

別失去親密的愛情關係

實踐者喜歡透過自己的成就和形象來獲得愛情。在工作中，他們能量充沛，對地位非常敏感，希望獲得第一，希望成為領導者，要讓自己的付出被他人看到。在愛情中，他們也希望自己的戀人能夠時刻注意到自己的成功。但是，因為過於重視工作，他們可以為了工作而拋棄情感，所以和實踐者的人談戀愛，一定不要過分地束縛他們對工作、成就的追求，否則他們寧願放棄戀人也不願意放棄事業。

實踐者的性格也常常是戀愛對象所不能容忍的，這也是造成他們戀愛無果的另一個原因。因為實踐者天生有著領導他人的欲望，因此不管在工作中還是生活中相對喜歡指揮和指導他人。這一點對於資深的實踐者來說會贏得別人的認可和尊重，但對於一般的實踐者來說則會遭到別人的非議和排斥。

因此，實踐者身邊的戀人常常接受不了這樣近乎於「大男子主義」的霸道。在愛

情中，他們喜歡按照自己的想法處事，很少考慮對方的要求和意見，這難免會給人以自私的感覺。

2.4 悲情浪漫者——悲觀最終會葬送你的健康

之前我們已經講過，悲情浪漫者最明顯的情緒特點就是憂鬱和憤怒，他們總有一種被拋棄的憤怒感，往往多愁善感而又不被理解。

宋文妍畢業於某國立大學的中文系，在學校的時候就被同學戲稱為「林妹妹」（林黛玉），清秀的她眼神中總是閃爍著憂鬱，也因此迷倒了系裡不少男生。

畢業後，宋文妍如願進入出版社工作，漸漸的，她身上的書卷氣更濃了，總是感傷失去的美好，內心世界就和文學作品中的悲情浪漫者一樣，儘管獲得了社會的承認和物質的收穫，也依然無法釋懷。她渴望得到失去的、遙遠的、未來的愛，她認為只有這種愛才能帶來幸福。

但是，宋文妍並沒有嫁給追求她的中文系的男生，而是聽從父母的安排嫁給了一個商人。這樣的男人根本理解不了她的憂傷情懷，於是宋文妍的憂鬱更深了。

當然，在老公的努力下，她的物質生活是優渥的，結婚第二年，女兒出生了，儘管之前殷切期盼生男孩的老公一再表示也喜歡女兒，宋文妍還是避開他的目光，把頭轉向了窗外。此刻正值初秋時節，金黃的樹葉在窗外颯颯作響，傷春悲秋的悲情浪漫主義情懷又讓宋文妍感到蕭瑟和孤獨。

學會應對不良情緒

悲情浪漫者對父母的忽視或者拋棄行為感到不滿，因為他們得到的是痛苦，而別人卻從父母那裡得到了很多關愛。這種憤怒會變成尖銳的諷刺，因此他們想從言語上擊敗別人，尤其是對於身邊有著親密關係的人，讓他們受傷的心平衡一點。

對於悲情浪漫者，首先要正視自己不美好的童年經歷，勇於承認自己早期的愛的缺失，在悲傷之後，要把它放在一邊，而不是時時刻刻都覺得自己是一個受過創傷的人。誰都受過傷，但如果永遠都不選擇遺忘的話，就算外在環境再好也一樣過得不如一般人。

悲情浪漫者就是有這樣一個特點，不願意遺忘過去，因為他們一直堅信自己是

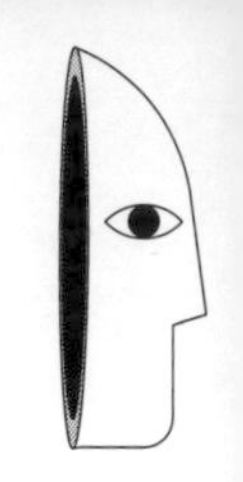

和別人不一樣的，自己受過的傷也比一般人嚴重，別人永遠都不會理解，所以對於這樣的一群人來說，首先就是要做到正視自己的創傷，生活沒有什麼了不起的，你們需要的是舔舔傷口，繼續飛翔，而不是蜷縮在曾經受傷的地方。要知道自助者天助之。

學會調節自己的行為

在認識了自己的情緒之後，還需要掌握一些基本的情緒發洩策略。

對於憤怒的情緒，可以採取轉移注意力的方法，而不是專注於當時的情感。根據現代生理學的研究，人在遇到不滿、惱怒、傷心的事情時，會將不愉快的訊息傳入大腦，逐漸形成神經系統的暫時性連繫，進而形成一個優勢中心，而且越想越鞏固，日益加重；如果馬上轉移，想高興的事，向大腦傳送愉快的訊息，爭取建立愉快的興奮中心，就可以有效地抵禦、避免不良情緒。

轉移注意力的方法很多，可以根據自己的喜好選擇運動、看電影等。當然，對於憤怒情緒的調節並不是做到轉移就完了的，在憤怒情緒消失後，我們還需要冷靜地思考，分析原因，找出更好的解決方案，只有這樣，才能在下一次憤怒情緒來臨時，更有效率地解決。

對於憂鬱情緒的處理，有一類活動非常適合悲情浪漫者，那就是瑜伽、太極拳或者冥想類的運動。研究發現，練瑜伽會減輕人的憂鬱情緒。

對於悲情浪漫者來說，他們並沒有非常嚴重的憂鬱狀態，只是輕度的憂鬱中透著一絲憂傷，因此瑜伽這類運動對他們來說是很有幫助的。因為瑜伽包含大量伸展、向上的體位，可以使身心得到舒展，增強積極向上的心理。瑜伽冥想可以舒緩壓力、疲勞，不但可以幫助他們走出內心的憂鬱，還可以讓起伏不定的情緒穩定下來，如之前的憤怒。

當然，對於悲情浪漫者還有其他需要注意的地方，但主要是以上這兩點。關於其他一些思維習慣，我們還需要在日常生活中慢慢改變。

2.5 觀察者——不會參與就會被疏離

觀察者是理性的，但同時又是被動的，由於注重思考，所以觀察者一般給人：沉

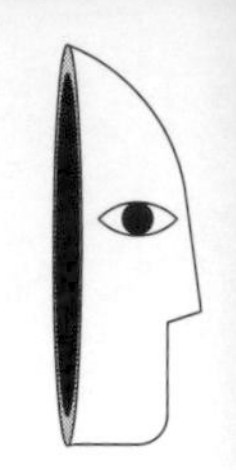

穩、不善言辭、不喜歡表現自己的感覺。但現在的社會是一張巨大的人際關係網，每個人都需要生活在這樣一張網中，漏出去了，就注定過得孤單和艱難。

被疏離的危險

觀察者不喜歡被人注意是因為他們不喜歡和人交流，他們擔心自己一旦成為注意的焦點，就會有「被加入」的危險，所以他們在自身形象塑造上不太注重，不喜歡把自己裝扮成所謂的時尚或時髦，更不喜歡自己有另類感，他們的衣著和髮型都十分普通。

觀察者潛意識裡不希望被人注意，但他們十分注意自己衣著的整潔性。他們拒絕參加一切聚會和活動，這樣一來，身邊的朋友再有類似的活動時，也很難再想起他，於是觀察者變得越來越孤單，人際範圍也越來越小。

每個人都需要人際關係網

觀察者天生不愛笑，不愛與人閒聊，因此讓人感覺他們缺少人情味和親和力。在工作中，他們的人際關係並不好，這也是由他們的性格所致。他們在與人相處時，不屑於考慮感情和謙讓，因為他們自視高人一等，所以他們經常有意與人保持距離，這難免給人一種優越感。

在觀察者看來，他們不需要人際關係也能活得很好，因此在人情世故中，總擺出一副無欲無求的狀態。但是，我們的社會現在面臨這樣一個現狀：「你可以很有個性，但前提是你得足夠優秀，否則沒人願意買你的帳。」是的，除非你十分有能力，不需要周圍任何人的參與就能很好地生活下去，這樣的話，你可以盡可能地堅持自己的個性。

如果你現在還處於不能自力更生的階段，還是放下高傲和個性，踏踏實實地向別人學習吧。因此，對於觀察者來說，應注意人際關係的處理，要知道好的工作環境更利於自己保持愉悅心情，而好的創意也離不開好的心情，好的心情又可以使你的服務更出色。

見識也是知識的一種

觀察者看重知識，在他們的潛意識裡，只有「操作技術」夠強，才能給他們的工作帶來安全感和自信感。因此，觀察者對學習看似不在意，其實經常在暗中充電。

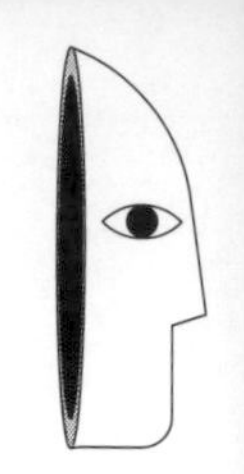

對於善於思考的觀察者來說，只要想把事情做好，無論如何都要去分析和思索透澈並掌握。他們喜歡鑽研奇怪的領域，然而來自大千世界的知識是非常豐富的，閉門造車能帶來的只有落後。因此，觀察者不能忽略來自於廣泛的人際關係所得到的知識。

對於觀察者來說，他們需要平衡兩種空間：自己的私人空間和交友空間。因為要他們放棄那個獨立的自己是不可能的，但是他們同樣也要學會如何與人相處，這樣生活才會更美好。

2.6 懷疑論者——不是所有的事實都像你想的那樣

雖然古語中有「害人之心不可有，防人之心不可無」一說，但對於懷疑論者來講，他們要做到的是「防人之心不可過」。任何習慣都是養成的，如果懷疑論者對這個世界一味地持懷疑態度的話，或許在某些時候確實避免了被欺騙或者被傷害，但也會因此錯過這個世界的很多美好。

2.6 懷疑論者—不是所有的事實都像你想的那樣

學會接納自己

懷疑論者首先要接納自己的膽小、恐懼、焦慮、擔心、缺乏自信、缺乏主見，還要勇於承認這些不足都是存在的。但應該知道，感到焦慮並沒有什麼稀奇，因為人人都會焦慮，而且比想像得還要常見。學會正視焦慮，去探索它，並與焦慮達成協議。學會將壓力變成創造性工作的動力，避免透過其他不正確的途徑（如飲酒）來緩解焦慮。實際上，當你深深吸一口氣，真正去正視焦慮的時候，它就可能變成一種激勵，並像一劑補藥那樣，讓你更有動力，目標更明確。

在緩解焦慮的方法上，學會透過現實來檢驗畏懼感，而不是去猜測。把內心的害怕告訴一個值得信任的朋友，聽聽對方的意見，用事實結果來檢驗自己的思維判斷。利用自己的想像力，去想像和表達正面的結果。如果注意力總是集中在糟糕的結果上，那就透過想像力把負面的結果誇大，然後找出策略來應對這個最糟糕的事情。如果當最糟糕的事情發生時，你都做好了準備，那麼還有什麼需要擔心的呢？

此外，在生活中，懷疑論者也可以多做一些相關的活動來提升勇氣，如高空彈跳、跳傘、野外求生、衝浪、上臺表演等。

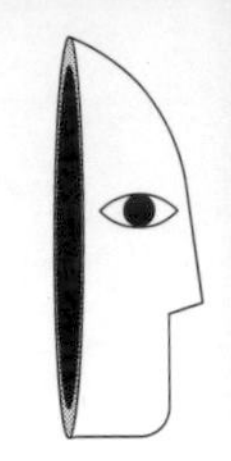

相信自己並相信別人

懷疑論者缺乏自信，不相信自己的想法是正確的，因此經常會先努力徵得權威的同意。他們也不相信自己是值得被關注、被愛的，因此才會去懷疑別人接觸他們的真正動機。所以，在生活中，懷疑論者要透過各種途徑建立自己的自信，而關於這些建立自信的方法，我們在本書的其他章節也有提及。

懷疑論者應該努力讓自己去信任別人。不用懷疑，每個人的生活中肯定都有那麼幾個人是關心我們並值得信任的，你可以隨時找他們尋求安慰。如果你沒有這樣的人，那麼就特意去找一個值得信任的人吧，讓自己去接近這個人，雖然這可能要冒著被拒絕、激起你最深層恐懼的風險，但這個風險是值得的。

因此，不要猶豫不決，嘗試讓他人知道你對他們的感覺吧。其他人對你的看法可能比你所認識到的要好得多，很少有人會有意傷害你。事實上，你的恐懼更多地表明的是你對別人的態度，而不是別人對你的態度。

人際交往中有一個黃金法則：「像你希望別人對你那樣去對別人。」如果你希望別人對你是信任的，那麼你就要滿心真誠地去對待別人，然後再看看別人對你的反應。不要讓懷疑關上幫助的大門。

善待親子關係

懷疑論者之所以會產生這樣的性格，與他們的童年是分不開的。他們的父母往往是自身有很大人格缺陷的人，對待孩子反覆無常，他們酗酒、賭博或是隨意羞辱孩子。這樣，孩子長大之後，就會對環境充滿警惕和懷疑。他們從小就會檢查危險訊號，學會觀察他人的眼色，因為害怕受到傷害或陷入難堪，幼年的懷疑論者在選擇自己的立場前，必須知道他人的企圖。

伴隨著無法保護自己的無助感，最終導致了懷疑一切的膽小性格。就像家庭是性格的加工廠一樣，這樣的懷疑論者在成為父母之後，也會讓自己的性格有意無意地影響著孩子。因此，他們有必要知道自己在教育孩子方面應該注意的地方。

懷疑論者的童年充滿痛苦，因此他們可能會想辦法在自己的孩子身上彌補，但是童年的傷痕又常常不經意地刺痛他們的心，所以他們對孩子可能會出現過於溺愛或是過於嚴厲的反覆表現。對待孩子時要注意：不要對孩子反覆無常，要給孩子穩定不變的愛；要培養自己的自信，同時也要培養孩子的自信，要對孩子讚美和欣賞。

2.7 享樂主義者——享受要在自己可以承受的範圍內

懷疑論者認為這個世界的美好是值得商榷的，而在享樂主義者的眼裡，這個世界的美好是毋庸置疑的，而且要盡可能用一切辦法來享受這些美好，哪怕不計代價。古語曰，「人無遠慮，必有近憂。」享樂主義者常常會進入過度享受之中。

學會面對痛苦

享樂主義者一味地強調快樂，經常把痛苦隔離在生活之外，從而導致盲目的快樂。他們喜歡為自己虛構各種故事，以避免受到痛苦的傷害。這種令人愉快的故事，與事實相差很遠，而他們卻會透過類推的辦法，把痛苦的情緒精神化，讓注意力轉移到精神層面上，從而阻止真正的痛苦經驗。

因此，享樂主義者首先需要學會一件事——讓自己面對痛苦。發現並承認生活中其實是存在很多問題的，不要總是覺得「如果我需要幫助，我就是有缺陷的。」如果發現自己出現這樣的情況：過多計畫、多項活動、新選擇、未來設想等，就要提高警惕了，看看自己是不是精神逃避；當自己的想法和活動都在高度運轉時，實際上就是在逃避現實。

享樂主義者要認識自己的衝動，養成觀察自己的衝動，而不是屈服於自己衝動的習慣。也就是說，讓大多數衝動轉移開來，從而能更好地判斷哪些衝動值得行動。因為享樂主義者的衝動很可能是為了逃避痛苦而出現的。享樂主義者越能抑制自己的衝動，就越能把注意力集中在真正對自己有好處的事情上。

享樂主義者不要沉溺於表面的快樂，而忽視了更深層的體驗。注意到虛幻的快樂和缺乏深度的承諾，會讓人渴望得到更多的快樂和娛樂。享樂主義者往往會透過創造多種積極的選擇來避免害怕、痛苦和限制。

然而，正是因為他們習慣性地避開所有可能導致害怕或煩惱的事務，所以他們實際上限制了自己。因此，享樂主義者應該每天下意識地去連續堅持自己所有的決定，堅持自己承擔的責任，儘管這樣做可能會帶來挫折和煩惱的體驗。

追求快樂的「質」，而不是「量」

享樂主義者對快樂馬不停蹄地追求，讓他們忽略了快樂的真正本質，因為他們沒有時間停下來思考。他們要想獲得經歷的能力，需要把全部注意力集中到「現在」。

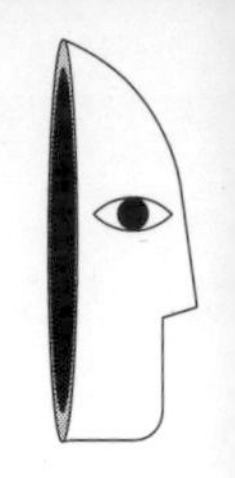

如果人們總是在預期未來的經歷，那麼他們可能永遠都難以感到滿足，並且失去現在正在擁有的東西。

享樂主義者不要強迫自己在此刻就要擁有一切，因為你想要的那誘人的東西很可能明天仍能得到，大多數的好機會將再次光臨，那時，你也會處於更好的位置，去辨別哪些機會是最好的機會。要經常對自己分析，如果你想要的東西明天還在，那麼就要告訴自己珍惜眼前，在正確的時間拿正確的東西；如果你想要的東西明天不在了，那麼就要抓緊機會，切不可錯失良機。從長遠來說，確認你想要的東西，肯定對你有好處。

俗語說，因為祈禱有可能應驗，所以祈禱時要搞清楚自己究竟要祈求什麼。同樣的道理，在你發現某件事可能徒勞無功，甚至成為不幸泉源之前，就要考慮好你究竟想要什麼。

練習「自我意識」

在這裡，我們建議你對自己的想法、做法堅持做一段時間的練習，因為這樣集中的強化可能會使你養成一種好習慣，從而指導以後更好地生活，而不是需要你時刻地提醒自己。

例如，在早晨剛醒來時，你可以透過幾分鐘的呼吸訓練來集中自己的注意力。然後對自己說：「今天我要練習將注意力和精力集中於此時此刻，我要排除沮喪和煩惱對自己的影響，在接下來的一天裡，我要正確地面對自己的快樂和痛苦，我要學會聆聽自己的內心，而不是忙著追求所謂的快樂。具體而言，我將接受現實，我會下意識地去留意自己的思想——集中自己的注意力和精力去抓住那些使人滿意的選擇和將來的機會。」

晚上睡前，也要對自己一天的行為進行總結：「今天，我有哪些事情是值得鼓勵的？哪些是需要改正的？我還是一個典型的享樂主義者嗎？明天我還要怎麼做才會對自己更有利？」這樣的連續持續十天左右，就可以達到不錯的效果。

2.8 保護者——要注意過猶不及

保護者喜歡行動，他們做事情像一陣風刮過來，並且要刮很久。因此，這常常

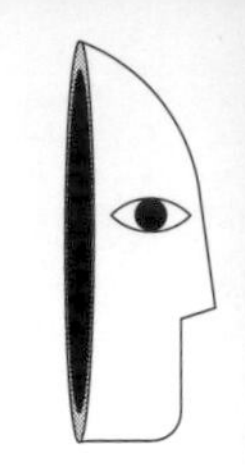

容易導致保護者做事過度。正如前面任何一種人格一樣，保護者也有很多需要改正的地方。

學會克制憤怒

憤怒是保護者最常表現出來的情緒，他們不重視禮節，堅信「真相會在爭鬥中浮現」。對他們而言，爭鬥、辯論才是一種有用的交流方式，「我喜歡一開始就與我作對的人，那才是我願意與之討論的人」。

保護者不只想鬥爭，他們還想打贏，而且不只要贏，還要粉碎、剷除對手。他們不太具備側面思考或以策略處理問題的才能，他們否定複雜面，他們的世界永遠是簡單的二分法，不是黑便是白，不是朋友便是敵人，不是強壯便是軟弱。雖然有時候在別人眼裡，他們「氣得頭頂冒煙」，其實他們並不是真的感到憤怒，只是表現出生氣的模樣而已，但事實上他們的憤怒從未釋放出來。

相反的，保護者的憤怒是一種防禦性的習慣，是去嚇走別人並掩飾自我真正感情及弱點的策略。既然這種憤怒並沒有真正地表達出來，那就不要既傷人，又不利己了。在每次想發火之前，先在心裡倒數十下吧。

2.8　保護者—要注意過猶不及

不要警惕過度

保護者是物質和精力的極度欲求者，不論在哪方面他們都永不滿足。對他們來說「沒有最多，只有更多。」他們強烈地希望獲得更多、更好的東西，如果是他們想要的，便會不惜一切代價地想要得到。再加上他們強烈的挑戰欲，對他們來說，沒有能不能夠得到，只有自己願不願意去追求而已。

他們永遠也不滿足現狀，常常會過度追求一些東西。可是在這個世界上，任何事情都要有限度才對。如果保護者意識到只是因為欲望作祟自己才去追求某些東西的時候，一定要提醒自己適可而止。例如，你喜歡吃雞肉，但如果每天都吃很多，總有一天你看見雞肉就會噁心，因為過度或許會導致你一輩子也不會再去接觸某個東西。

每個人都值得被尊重

保護者由於對權力的過度渴望，常常表現得過於自信、強大。在他們眼裡，自己是最能幹的，別人都是自己的手下，需要他們的領導。他們也永遠不會承認自己的錯誤。他們堅持要求別人對自己絕對服從，不允許有任何異議和反抗，這就使他們

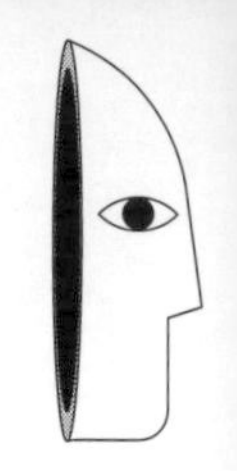

無意識地在扮演一個專制霸主的角色。這都是出於他們認為自己是萬能的，透過自己的努力可以帶領他們走一條更好的路。

因此，保護者類型的人需要學會尊重別人，認識並願意承認他人的優點和自己的不足，要認真聽取別人的意見，和別人交流時，也不要只顧自己喜歡，就選擇以爭執的方式來解決問題，畢竟對於大部分人來說，還是不習慣這種溝通模式。

2.9 調停者——盲目的介入會讓你左右為難

「和平」從某種程度上來講可以理解為一種「妥協」。原有的問題要解決，必然有一方或者多方要讓步。作為九型人格中的「和平使者」——調停者，也在為此做著必要的犧牲。因此，調停者最應該記住的一句話就是「你不是上帝，你不是萬能的，沒有你的介入，這個世界還是能夠正常地運轉下去。」

中庸的調停者

調停者是真正的和平者，因此為了不引起正面衝突，他們常常表現出非常中庸的一面。他們採取的策略是以和睦相處為目標，不輕易表露強烈的情緒，甚至為此減少自己的欲望、情感需求，這種感情的減緩，使得他們變得親切、安然自得，甚至在精神層面上顯得高尚。

但事實上，這種錯誤地與世界妥協的後果，導致許多調停者喪失了高低貴賤的觀點，他們會說：「接納我吧！我會放棄我的憤怒、我強烈的情感、我心中的主張，甚至我自己。」

介入前的觀察很重要

此外，他們追求和平的方式不僅表現在自我的中庸，還在於維持周圍人的衝突。對於調停者來說，生活在一種緊張的人際關係中是一件非常難以忍受的事情，所以，他們常常也會介入到別人的衝突中。

在衝突中，他們表示默認，與意見不同的每個團體產生共鳴，同時壓抑自己的需求、見解、渴望和意志，以巧妙地維持和平，並與他人連成一氣。但是，這樣的介入別人不一定每次都買單。如果遇到蠻橫的人，他們會覺得你是多管閒事，這反而讓你尷尬得下不了臺。

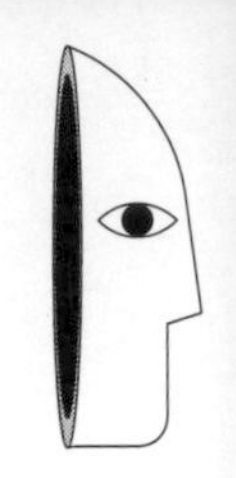

當爭執的一方對你的介入有意見時，另一方為了顯示自己的能耐，也會反對你的介入。在這種情況下，你只能碰一鼻子的灰。每個人都擁有不同的並且鮮明的個性，所以調停之前要觀察，看看爭執的雙方是否符合你的口味，否則你會踏入進退兩難的地步。

調停者要注意的問題

雖然第九類型的人被稱為「人格中的大師」，但他們也有許多需要改正的地方。如果你是第九類型，還需要注意些什麼呢？

為你要做的每一件事情寫下一個明確的計畫，明確自己的意圖，這樣會使你的生活和工作效率提高很多，而不是過著順其自然，或者只有大框架式的日子。如果你很難改掉這個毛病，也可以找人來幫你處理細節並貫徹到底，建議找一個第一類型的人來幫你組織。

說你必須說的話，不要有任何的猶豫和斟酌，尤其是當你發現自己又開始模稜兩可時，要趕快停止，學著明確而直接。要記住，猶豫雖然是你的特點，但同樣也是你的缺點。

2.9　調停者—盲目的介入會讓你左右為難

和諧融洽是你與生俱來的權利，但你並非無時無刻、每種情況都需要它們，還有許多其他的規則可用來判斷人生。你要知道，有欲望才有衝突，要想保持所謂的和諧，就得壓抑自己的一部分欲望。換言之，就是要壓抑一部分自己。

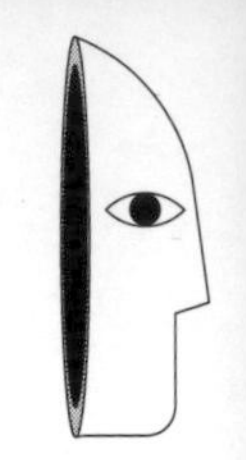

第三章　每個人都是特立獨行的人

在生活中，是保持自己的個性，還是迎合這個社會，是很多人都在思考的問題。每個人都有不同的個性，但是每個人又都不能脫離其他人而存在，所以每種個性之間的衝突就在所難免。學會合理的保留與妥協，能夠讓你在這社會上生活得更好。不過，保留純真的自我也很重要。

3.1 每個人的個性都不同

如同世界上沒有兩片完全相同的樹葉，世界上也沒有兩個個性完全一致的人。有些人保守，有些人多疑，還有些人樂觀，但是心理學意義的個性與通俗意義的個性還有些差別。不是說多疑、敏感、好強就有「個性」，而樂觀、開朗就沒個性，並且一個人個性的形成會受到家庭成員、家庭背景、求學經歷等因素的影響。接下來的內容將向你展示個性以及奇特的個性形成之旅。

小學時的她是個不聽話的搗蛋鬼，有一次媽媽不讓她出去玩，她就賭氣把家裡的每一顆蘋果都咬一口。

國中，班級以不記名投票的形式推選班上的模範學生（匿名投票可以讓模範學生自己選自己，並且匿名選票不會損害同學關係），結果她填上全班品行最差的三個學生。班導師透過字跡認出是她寫的，以搗亂、態度惡劣為名要她請家長到學校。她楚楚可憐地站在講臺旁，滿臉悔意，請求老師再給她看一眼那張紙條的機會。老師以為她已悔改，不料，紙條剛遞給她，她就用最快的速度吞到嘴裡。老師嚇了一跳，威脅她吐出來，她瞪著眼睛拚命地搖頭，老師氣到說不出話。

高中，她的同桌神祕兮兮地跟她說：「今天我在教學樓旁的大樹下坐著看書，發現校長慢慢地走過來，神情緊張、左顧右盼之後，停在樹的另一邊放了一個很響亮的屁！我小心翼翼地藏在樹後，不敢出聲。」她聽了激動地一拍大腿說：「哎呀，這要是換成我，我就從樹後跳出來，大喊一聲校長好！」

的確，我們周圍的人都有其獨特的個性，隔壁的張媽媽一直都是熱情平和的，總是那麼讓你忍不住想親近；而對門的李叔叔卻脾氣暴躁，難於接近。

那些特立獨行的人

不知您是否看過契訶夫的小說《裝在套子裡的人》，故事中的主角保守、懷舊、落後、膽小多疑、性情孤僻，並且他的很多行為表現是異常的，即使在最晴朗的日子，也要穿上雨鞋，帶著雨傘，而且一定穿著暖和的棉大衣。他總是把雨傘裝在套子裡，把錶放在一個灰色的鹿皮套子裡，就連那削鉛筆的小刀也裝在一個小套子裡。他的臉好像也蒙著套子，因為他總是把它藏在豎起的衣領裡。他戴黑眼鏡，穿羊毛衫，用棉花堵住耳朵……現實生活刺激他、驚嚇他，總是鬧得他心神不寧……

接下來要說的是一個思維極其靈活，有點鬼靈精似的個性女孩。她的個性就是一個字「酷」，總是敢於嘗試和創造新鮮，從她的身上，總能看見一種澎湃的朝氣和活力。也因這種朝氣和活力，讓她異於普通人。她的意志和思維能夠讓周圍的人驚訝，也能成為一個小圈子的靈魂人物。

紅樓夢中，拋去在那複雜社會環境下的言行不說，總體而言薛寶釵端莊穩重、溫柔敦厚、豁達大度；林黛玉則心細而略顯敏感，因為家庭背景而略顯自卑，一句「早知道他來，我就不來了」，展現了她小心眼背後也有坦誠，有點小任性；王熙鳳之「辣」包含三個意思——辣得豪放、辣得貪婪、辣得圓滑。有一節目中訪問的某位來賓說，「完美的女人應該是黛玉的嬌小可愛，寶釵的落落大方和熙鳳的略顯潑辣。」

總之，大個性，小個性……他們讓人喜，讓人怒，讓人愛……也正因為如此，作為每一個獨立的個體，才顯得那麼的不同。

如果看到這篇文章的你恰巧是一個有自己個性特點的人，而你也不過是普通人中具有不普通個性的那一個。

話說個性的玄機

個性一詞最初來源於拉丁語 Personal，源自演員所戴的面具，後來演化為演員

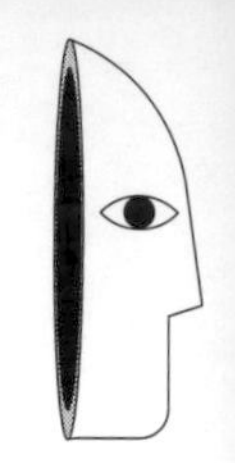

——一些具有特殊性格的人。在西方，個性又稱人格，其在心理學中的解釋是：一個區別於他人的，在不同環境中顯現出來的，相對穩定的，影響人的行為模式的心理特徵的總和。

個性的結構相對複雜，不同的心理學家從各自研究的角度分別提出了個性的定義，對個性的定義沒能達成一致。不過，目前普遍同意美國人格心理學家卡特爾(R.B.Cattell)的定義：「個性是一種傾向，可藉以預測一個人在特定環境中的所作所為，它是與個體的外顯與內隱行為連繫在一起的。」

個性包含三個子系統，一是個性的傾向性，它決定了人對周圍世界認識和態度的選擇傾向，如需要、動機、理想和信念價值觀等。二是個性心理特徵，包括人的能力、氣質和性格。這裡明確一下，氣質是先天的，而性格是人對事物的態度和習慣化的行為方式，是後天的，並且氣質無好壞、對錯之分，而性格有好壞之分。三是自我意識，涉及對自己的認知，對自己的體驗和調節，包括自尊心和自信心。

你也許誤會了個性

個性是穩定的，還能改變嗎？個性的穩定性是指跨時間和跨空間的一致性。例如，偶爾地對人冷淡，漠不關心，並不能斷定這個人就是自私、冷酷的個性。只有那些一貫地、在絕大多數情況下都表現出來的樂於助人或尖酸勢利才是個性的反映。正是由於個性是相對穩定的，可以預測特定環境下個體的行為，所以目前發展出很多用於測量個體個性的量表，並希望透過量表發現個體的個性特點，以幫助職員的篩選和對特殊職位的可能風險的預測。相關的個性量表包括較正式的艾森克人格量表、十六種人格因素量表、加州人格量表，以及與職業有關的 MBTI 和九型人格。

雖然個性是相對穩定的，但也是可以變化的。我們常見的就是在教育中，一個小學階段十分頑皮、不寫作業、做事拖拉的孩子，長大後做事卻異常認真、時間觀念嚴謹。現實生活非常複雜，隨著社會現實和生活條件、教育條件的變化、年齡的增長、主觀的努力等，個性也可能會發生某種程度的改變，特別是在生活中經歷過重大事件或挫折的人，往往會在個性上留下深刻的烙印，從而影響個性的變化，這就是個性的可塑性。

當然，個性的變化比較緩慢，不可能立竿見影。另外值得注意的是，有些個性特點是顯而易見的，別人看得清楚，自己也能明顯察覺，如熱情、健談、直爽、脾氣

急躁等；而有些非但別人看不清楚，就連自己都沒有覺察。

個性不等於非主流。在日常生活中，人們對個性也容易產生一些誤解，往往認為一個「倔強」、「好強」、「坦率」、「固執」的人就很有個性；而一個「文雅」、「平和」、「斯文」、「柔弱」的人就沒有個性。這種看法是不對的，至少是不全面的。「倔強」、「要強」、「坦率」、「固執」是一種人在其生活、實踐中區別於其他人的個性特徵。由於這種個性特徵鮮明、獨特而給人留下深刻的印象。同樣「文雅」、「平和」、「斯文」、「柔弱」也是個體的個性特徵，只不過這種個性特徵比較平淡而不鮮明，所以往往不容易給人留下深刻的印象罷了。不管個性是鮮明的還是平淡的，它都代表了一個人的個性。世界上不存在沒有個性的人。

看到娟秀的字跡，我們自然地就推測此人眉清目秀，心地和善，溫文儒雅，正如人們常說的「字如其人」。

同樣，服飾也能反映一個人的個性，不知道你是否仔細觀察過你周圍的女子，她們在購物時，特別是買衣服時的風格是相似的；或者當你打開她的衣櫃時，衣櫃裡衣服的風格超乎尋常地一致。那些熱情奔放的人，服飾大膽，迷你裙、緊身褲、寬鬆衫都不妨一試；那些拘謹矜持的人，衣服款式保守，色調深沉；那些文質彬彬、溫文爾雅的小淑女的衣著多雅潔、喜白色……

3.2 個性和整個社會的關係

在個性的劃分上，共同個性是指一個群體，如一個民族所展現的共同的個性特點（如亞洲人較勤勞、孝順、熱心），其實這些共同的個性特點是眾多亞洲人，包括你，展現出來的個性特點的匯總。即每個人的個性匯總成社會的共同個性。然而有些個性特點會給其他人造成危害，是社會所不容許的，因此需要對危害性個性進行克制，並且社會有相應的道德、法律等進行制約和管理。

個性匯總成整個社會

每個具有不同個性的人匯總成了整個社會，讓社會變得豐富多彩。有些人的個性特點是誠實、善良，有些人武斷，有些人謹慎，有些人直爽，有些人穩重，有些人易激動，有些人沉穩，有些人喜歡冒險。

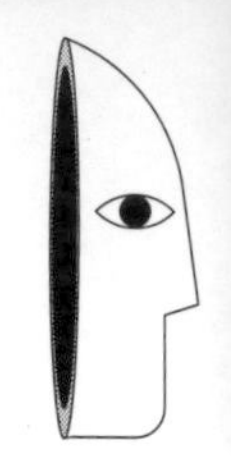

事實上，持有特質論觀點的心理學家，如奧爾波特認為，有一些個性特質是一類人普遍具有的，而有一些個性特質是某一個人獨有的。那些一類人普遍具有的個性特質被稱為共同特質；而那些個人獨有的個性特質被稱為個人特質。那麼，上面提到的勤勞、孝順、熱心其實就是這些人的共同特質。

具有相同個性特質的人會聚在一起，建構了共同特質，我們的社會也因為這些人所展現的共同的個性特質而變得美好。

挖掘那些隱藏的個性

對於每個人而言，個性特質還包括主要特質、次要特質和中心特質。主要特質就是一個在社會上任何時候、任何地點都會表現出來的個性特點。例如，有些人特別殘暴，不管對誰都很殘暴；有些人總是涇渭分明、循規蹈矩地看待和處理事情。中心特質反映了一些有限的情景中的行為傾向。例如，只要出現危險，就會衝上去幫忙，儘管不是所有的情況下都是這樣，但還是能代表百分之八十的廣泛性。次要特質是最不明顯、最不普遍的個性傾向。例如，即使一個殺人魔，也可能是一個孝子，而孝順就是他的次要個性特質，只是相對於他的首要的、突出的個性特質而言，被隱藏、被忽視了。

除了這種被主要特質隱藏、忽視的個性特質外，還有一種情況是被社會現實砍掉，或者限制很多不好的個性。例如，殘暴、武斷、衝動這些個性特質會給自己或者他人帶來一些意想不到的傷害。據調查發現，罪犯中百分之八十是個性是較衝動的，是衝動這個魔鬼害了他們。

因為衝動，所以他們可能傷害或者結束了其他人的生命；因為猜疑，所以導致美好的婚姻結束；因為武斷，所以缺少必要的謹慎，讓企業瞬間虧空，這樣的例子早已不是少數。因此，社會透過各種法律、道德等手段盡量限制這些傷人害己的個性。

3.3 為什麼社會不喜歡那些特立獨行的人

這是一個值得思考的問題：特立獨行的人能夠發明創造、有魄力、善於堅持，可是為什麼社會不喜歡這些特立獨行的人呢？在此將與你分享一個「特立獨行的豬先生」的故事，並透過豬先生的經歷回答這個問題。是的，特立獨行的人太隨性，不受

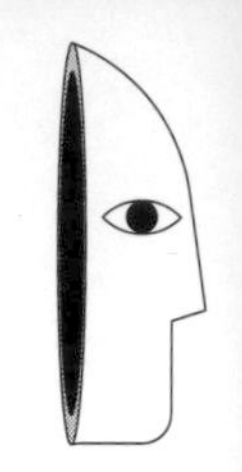

控制，獨來獨往，也許這是其中原因之一吧。

《一隻特立獨行的豬》講述的是餵食一隻豬的經歷。

那是一隻學會了汽笛叫聲的豬，每天比通知工人下班的汽笛早一個小時鳴叫，鬧得田裡做事的人和工廠的工人都提早收工一小時。這讓長官極為惱怒，將其定成了破壞春耕的因素，要對牠採取手段——繩索和殺豬刀。

這下豬麻煩了。不過豬也不會那麼輕易就範，一百個身強體壯的青年逮不住牠，狗被牠撞得老遠，後來村長帶人拿手槍，村民帶人拿火槍進行夾擊，結果呢，豬兄很冷靜地躲在手槍和火槍的連線之內，任憑人喊狗咬，牠都不離開連線區域。

也許牠知道，但凡拿手槍或者拿火槍的任何一方開槍，都會置對方於死地，而牠自己目標太小，多半沒事的。最後豬兜了幾個圈子後找了一個空檔，瀟灑地跑了。再次見到牠時，牠已經不容許靠近，是的，是該與心懷叵測的人保持距離。

就是這樣一個豬的形象，作家稱其為特立獨行。是的，這隻豬在那樣的年代敢於無視生活的規範，敢與命運搏鬥，不受制於人，這都是值得欣賞的。然而，對於小說中的長官而言，這隻豬確實是不受歡迎的，而且因其行為破壞了作息時間，會受到懲罰，我們人類生活中的一些情景又何嘗不是這樣的呢？

就像書中那隻會學汽笛鳴叫的豬，拋開其突破豬族傳統，竟然突破性地發出類似汽笛聲的鳴叫，就大可載入豬族的「金氏世界紀錄」。不過，這只在不恰當的時間鳴叫讓長官憤怒的豬的特立獨行確實給許多人帶來了煩惱，也是不能為社會所接受的。

特立獨行的人是隨意的

如果誰將你定義為特立獨行的人，是含有幾分貶義的。就像一位批評家將英國的前內閣大臣形容成「特立獨行的人」，這可不是一種恭維。正是因為他們不受控制，很隨性，所以與他們打交道時比較困難，因為你很難控制他們。他們的隨心之舉也時常與別人，特別是領導者的想法背道而馳。

特立獨行的人敢說真話

特立獨行的人不會人云亦云，得過且過。講實話、講真話有時是揭露殘酷現實的，但是實話又時常會與時代的趨勢相左。

汶川發生大地震時，一位老師不管、不顧他的學生，甚至連一句「快跑」都沒

喊，第一個就衝出教室，跑到操場。之後他在他的文章中寫道「我從來就不是一個勇於獻身的人，我只關心自己的生命。在這種生死抉擇的瞬間，只有為了女兒，我才可能考慮犧牲自我，其他人，哪怕是我的母親，我也不會管的。」隨後人們對這樣的實話開始進行道德倫理大批判。

然而，細細品味，這難道不是實話嗎？從生物本能來講，在危機事件發生的第一時間，任何生物體都會有這樣本能的生物危險躲避反應，只是社會賦予了人和個體許多責任，父母養育子女的責任，教師教書育人、保護學生的責任，警察抓小偷的責任……拋開那位老師沒有盡到保護學生的責任不說，就其事後敢承認自己的缺點、實話實說也是需要勇氣。這種敢承認錯誤，揭露真實想法的精神值得提倡，至少不是道貌岸然的。

特立獨行的人我行我素

隨著年齡的增長和經歷的增加，人會變得世故且圓滑，原本簡單明瞭的事實與情感也逐漸異化得複雜而令人莫測。多數人都生活在一種是與非、真實與虛偽的模糊狀態中。

然而，特立獨行的人還是能夠堅持事情真相，堅持還事實於真相的，因此他們被稱為「怪人」。他們不會受到周圍環境的影響，並且不被周圍人所理解，也常對周圍事情耿耿於懷。

也正是因為特立獨行的人不受控於人，隨性而事，敢講真話，敢披露現實，而且很堅持地、不受別人影響地還原現實，所以他們被社會所排斥。但是隨著社會的開放和對各種言行的包容，我們對特立獨行的人的「反常規」事件也應該越來越持寬容的態度，更加理解和寬容他們獨特的「叛逆理念」。

特立獨行是一種人生態度，也是一種稀有的特質。特立獨行的少數人雖然並不是主流，也許永遠也不能成為主流，但是他們的這種生活態度卻是這個社會和這個時代所不可或缺的。而且，他們當中存在的可敬且可貴的有益價值，也會透過時間的歷練而釋放出光彩。

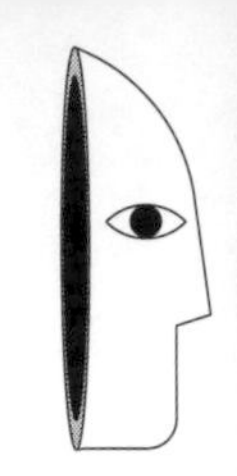

3.4 為什麼很多特立獨行的人都很成功

特立獨行的「豬先生」的結局值得期待，可惜作者卻恰恰沒有寫明，它是故去了，還是飛黃騰達了，還是從此隱匿了？不過我認為「它」成功了！因為特立獨行的人都是極其聰明和智慧的，他們堅持、獨立思考、勇敢、具有獨創精神……社會需要對這些特立獨行的人持包容之心。

現實生活中有很多特立獨行的人，他們也取得了令人矚目的成功，而這種成功的背後到底是什麼呢？

特立獨行的人智慧、堅持、樂於思考。這也是他們甚至很多成功人士取得成功的基本素養。說愛因斯坦智慧吧，現在仍有學者在研究他為什麼如此智慧，猜想他的大腦神經元間的聯繫是否比普通人緊密？神經心理學研究顯示，如果大腦的神經元間的連接的通路多而且活躍的話，神經資訊傳遞的速度和複雜水準就都較高，那麼這個人就會關注到更多資訊，也能想到更多資訊間的關係，從而有利於發現問題和解決問題。還有我們常說的公益事業，其實最偉大的不是做公益，而是將這個事業堅持數年。

3.4　為什麼很多特立獨行的人都很成功

樂於思考也是重要的，要勤思考，勤用腦。這也是為什麼許多孩子並不是每天都付出許多時間學習，卻仍能考出很好的成績。

其實這其中有一個被人疏忽的道理，就是對於應考的孩子而言，勤動手不是成功的關鍵，勤思考知識間的關係，找出規律，才會讓學習變得不枯燥，也比勤動手輕鬆得多、智慧得多。

特立獨行的人內心充滿了開拓精神，有獨立的思想和行動，很隨性，隨性得有點張揚。在美國，特立獨行的人會受到敬佩和模仿，而不是遭到蔑視。因為不守傳統、行為古怪的同事更有可能成為新鮮思想和創新的源泉。

因此，我們的社會應該寬容特立獨行的人，因為正是這些特立獨行的人改變了世界。例如，用智慧成功地為人類社會反對強權、反對戰爭做出鬥爭的愛因斯坦。他從一九三二年離開德國到一九五五年發表不願在美國當科學家的聲明，從拒絕巴黎科學院的邀請到拒絕以色列總統職位，他受到了孤立，並背負著國家的敵人、顛覆分子等種種莫須有的罪名，也正是他成功地牽制了美國，使得人類免受核武器之苦。

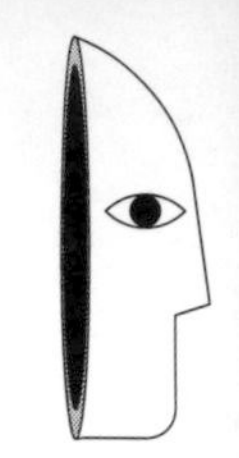

第四章　你不能脫離社會而存在

每個人都有自己的路，而且每個人的路看似相同，卻又不完全一樣，這就是多彩多姿的人生。其實很多路雖然少有人走，但是依然需要別人的扶持、支持、認可和讚美。無論你有什麼樣的個性都不能獨立存在，都要與其他人接觸，因此應該懂得互惠原則、認同原理、權威效應和換位思考等心理技巧。

4.1 互惠原則：千萬別認為支持是免費的

在很多人心中多少都存在著「只要你不喜歡我，你就是我的敵人」的念頭，還有一些人因此把大量的心血放在人際關係的爭鬥中，其實這種想法是完全錯誤的。我們很多時候會製造假想敵，其實人際關係並不是只有朋友和敵人兩種，也可以是互惠的關係。我們不必強迫自己與討厭的人變成好朋友，但一定要學會「不把討厭我的人當敵人」。

可以說，我們祖先的出現就得益於「互惠原則」。他們成功地戰勝了各種自然災難和猛獸，獲得生存和繁榮，主要得益於群居生活，互相幫助捕獲獵物，採摘蔬果，躲避各種的危險。昨天我幫你捕獲了一隻獅子，大家飽餐一頓，今天你又給我一顆水果，我也就不需要飽受飢餓的煎熬了，明天別人又幫我照顧孩子，使得我能安心出門捕獵……我們的祖先之間透過相互支持得以勝利地生存下來。

其實支持不單只有物質上的，還包括精神支持。學生艱難地回答完一個問題時，老師投以讚賞的目光，輕柔地撫摸一下學生的頭，拍拍孩子的肩膀……這些都讓孩子感受到來自老師的支持，這種支持就是精神上的，無形的支持。讓我們再仔細回

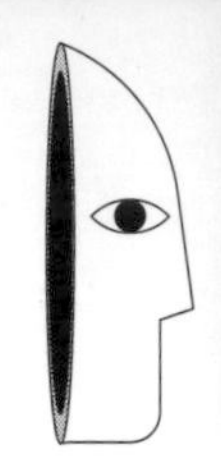

顧一下羅森塔爾的實驗。

數年前，心理學家羅森塔爾做了一個讓世界為之震撼的實驗。實驗是在一所小學中進行的，當時的羅森塔爾已是知名的心理學專家。因此，當他來到學校給班導師一份關於有潛質的學生的名單時，老師們都沒有懷疑過。

雖然事前確實讓所有學生接受了智力測驗，但那份學生名單其實是他從班級內隨機挑選的。聰明的羅森塔爾告訴老師「名單上的孩子是未來最有可能成功的孩子，他們的智商都非常高」。

半個學年後的調查發現，這些原本成績普通，智商一般的孩子真的成為了老師眼中「最優秀的學生，成績也特別好」。

為什麼原本成績普通，智商一般的孩子奇蹟般的成為了優秀學生呢？這背後的奧祕是什麼？解開這個心理學奧祕，對很多家長和教育工作者都將有很大的啟發價值。

其實，這背後的奧祕在於老師已經不自覺、自發的給予了這些學生精神上的支持和鼓勵。因為老師堅信心理學專家所說的，這些學生是最有潛質的、最優秀的，所以他會給這些孩子更多的「關注」、更多的言語鼓勵、更多信任的撫摸。考試成績好

4.1　互惠原則：千萬別認為支持是免費的

了，給予讚賞的眼神，考壞了，輕輕拍拍肩膀的安慰，這些不易覺察的精神支持，讓這些孩子快速地向積極的方向發展。

是的，老師給了孩子很多精神支持，而這種付出也好，給予也好，都是互相的，是能夠得到回報的。其實「互惠原則」本身就包含受人恩惠就要回報的思想。

在生活中，人們經常會以相同的方式，回報他人為自己所付出的一切，即傷害孕育同樣的傷害，友善孕育同樣的友善，付出也會孕育同樣的付出。你怎樣對待別人，別人就會怎樣對待你。

學生會覺得，第一，老師認為我行，所以我一定行。第二，老師對我這麼支持，我一定不能辜負他，我要更努力地學習。進而在老師的精神支持和學生的努力回報間形成良好的循環，最終呈現給我們的是一個優秀的老師、一群優秀的孩子。

把這個「互惠的支持」放大到整個社會生活，不難發現它是多麼普遍。當遇到一些困難時，總是希望有朋友支持，而當朋友遇到困難時，我們也會主動地提供各種物質的、精神的支持。很多支持也許不需要太多，只需要你力所能及就可以。

互惠的支持不都是免費的。人們總是在尋找心理平衡，要想更好地影響別人按照

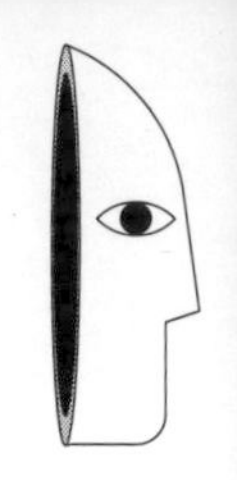

你的意圖做事，就要學會先給對方創造價值，讓其心理產生失衡於你的虧欠感，然後再向其提出請求，這樣對方會理所當然地滿足你的要求。

互惠原則的顯著特點是，當人們給予別人好處後，別人心中會有負債感，並且希望能夠透過同一方式或者其他方式償還這份人情。設想你能夠在眾目睽睽之下自己吃虧保全對方的面子，這種行為就會讓對方對你產生虧欠感，在以後的接觸中他會相應地做出回報。有時候適當吃小虧的人，往往能夠獲得更長遠的利益。這種互惠的心理，也是心理學上的一個「黃金法則」。

有一對兄妹，哥哥一心想要加入籃球隊，可是在選拔會上成績卻不太好，儘管老師也破例讓他加入，但隊友們看不起他，經常拿走他的球鞋、丟掉他的球衣來整他。哥哥並沒有生氣，而是偷偷地苦練，終於在一次比賽中，以替補球員的資格上場比賽，並投進了幾個致勝球。就這樣，他得到了隊友和教練的支持，並逐步成為了籃球隊的主力。

哥哥興高采烈地要求媽媽為他慶祝時，小學六年級的妹妹在旁邊冷冷地說：

「有什麼好高興的。如果是我，我才不屑參加這種籃球隊呢。只要他們討厭過我，我就不要跟他們在一起。永遠不要！」

其實很多少女心中都存在著「只要你不喜歡我，你就是我的敵人」的念頭，殊不知，只要你真心地努力和付出，讓周圍的人都因為你而獲得好處，那麼大家也會接受你，並為你提供好處的。其實只要你熱心對待他人，他人也一定會感覺到並接受你，同時熱心地回應你。因此，不要總希望別人為你做什麼，首先要看自己為別人做了什麼。

4.2 社會認同原理：巧妙地利用周圍人的態度

社會認同是指個體認同某個群體的價值觀、目標、信念或者言語觀點。父母可以為孩子赴湯蹈火，這種在所不惜的愛就是被社會所認同的。但是，越來越多的年輕人卻並沒有用相應的愛來回報父母，其實這是人倫的缺失。真正的人倫應該是，父輩愛孩子，孩子也回報性地愛父輩。這兩種愛，都應該是被社會認同的愛。那麼，具體什麼是社會認同，我們下面進行詳細講解。

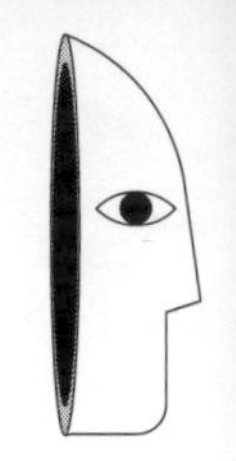

社會認同的本質

社會認同（social identity）首先需要個體認識到他屬於特定的社會群體，同時也認識到作為群體成員帶給他的情感和價值意義。具體而言就是，個體認同某個群體的價值觀、目標和信念等，同時這個群體也認可個體作為群體一員的歸屬感。

社會認同是社會成員共同擁有的信仰、價值和行動取向的集中體現，本質上是一種集體觀念。注重歸屬感的社會認同更加具有穩定性。

巧用別人的態度和觀點

現實生活中，社會認同有各種表現形式，不過其關鍵在於整個群體對於某件事情的態度。

例如，老韓含辛茹苦地養大了兩個兒子，等到他們都要成家立業了，為了兩個兒子結婚，倔強的老韓無奈地背棄了三十年的老哥們，為兩個兒子換取了兩個一室一廳。但是，兒子們並沒有知恩圖報，而是讓老韓夫婦無家可歸。兒女的心是不是太自私了呢？

4.2　社會認同原理：巧妙地利用周圍人的態度

其實，這其中就有一個社會認同的問題。如果整個社會都認同兒子們對待父母的態度，那麼社會的風氣就有問題了。反過來，如果整個社會並不認可這種做法，那麼作為社會群體中兒子們的做法就有問題了。因此，每一個社會中的個體，都應該做符合社會認同的事情和行為。

社會的認同感是需要從小培養的，如父母在教育孩子時，就應該對孩子進行各種社會認同的教育，這樣孩子們就會明白哪些行為是被社會認同的，並會影響到他之後的人生。社會認同是群體中每個人都應該遵循的規則，只有遵循這些規則才能夠在這個群體中更好地生存。

很多時候，我們需要得到別人的支持，那麼最簡單、有效的方式就是遵循社會認同的觀點，這會讓你獲得周圍人的好感。這種好感反過來可以讓周圍的人產生對你的認同感，也就是群體對個體的認同。一旦這兩種認同達成一致，你就可以輕鬆地獲得大部分人的支持了。

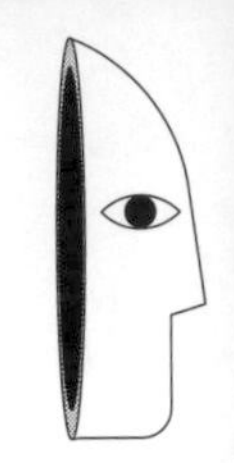

4.3 權威效應：塑造讓別人信心十足的形象

試想，一位著名學者要你砍斷老鼠的頭，你會照做嗎？在醫院，你因胃痛求治，醫生要你倒立並閉一隻眼睛後退走，你會照做嗎？雖然聽起來有點不合邏輯，但是還是會有很多人照做，這就是所謂的權威效應。民眾通常會有一種權威不會出錯、是安全的心理。但是，權威也有可能誤導大家，所以不要盲目地相信權威。

美國心理學家們曾經做過這樣一個實驗，一天，在跟某大學心理學系的學生們講課時，特地向學生介紹了一位從外校請來的德語教師，並聲稱這位德語教師是德國著名的化學家。接下來，「化學家」給同學們展示了他的新發現，在試驗展示時，只見這位「化學家」小心翼翼地拿出了一個裝有類似於蒸餾水液體的瓶子，瓶內裝的其實就是普通的蒸餾水。但是，「化學家」對同學們說這是他新發現的一種化學物質。這種化學物質無色，但有輕微氣味，請在座的同學們聞到氣味的舉手。結果多數學生都舉起了手。對於本來沒有氣味的蒸餾水，為什麼多數學生都認為有氣味而舉手呢？

這是因為有一種普遍存在的社會心理現象——「權威效應」。所謂「權威效應」，

4.3　權威效應：塑造讓別人信心十足的形象

是指說話的人如果地位高，有威信，受人敬重，則他所說的話就容易引起別人重視，並被相信其正確性。

神奇的權威效應

對於本來沒有氣味的蒸餾水，由於心理學教授在介紹這位「權威的」化學家時，已經「暗示」同學們這是一位國際的化學界權威人士，而權威人士的思想、行為和語言往往都是正確的，因此權威人士聲稱這種物質有氣味，就肯定是有氣味的。普通民眾會傾向於相信權威專家，服從權威的觀點，這就是權威效應長期潛移默化的結果。

在現實生活中，利用「權威效應」的例子很多。例如，做廣告時請權威人物讚譽某種產品；在辯論說理時引用權威人物的話作為論據；企業以及商場、酒店、學校、娛樂場所大都願意請名人雅士題寫名字；很多書籍的前言或者封面有權威專家的評價和推薦，等等。

在人際交往中，利用「權威效應」還能夠達到引導或改變對方態度和行為的目的。平凡人物一旦被新聞媒體炒作，也會變得身價百倍，這也是新聞的權威效應產

生的結果。

塑造自信的形象

「權威效應」之所以有效，除了普通民眾傾向於相信權威是正確的、是真理、是安全的以外，還有一個原因是權威人物擁有自信的形象，且言辭肯定，行動堅定剛毅。他們一般都充滿自信，堅定沉著的面容，加之胸有成竹、昂首闊步的姿態，彷佛一切都在他的掌握中。這種外在的形象會給人很大的信心，同時他們還會表現出和善的微笑，展示著學術權威的親和力。

如果你想塑造權威的形象，除了上面的幾點之外，還需要注意的是：盡量展示優雅，優雅的根本是可愛和得體，行為舉止優美合度。有些難看的動作或姿勢會在一瞬間毀掉你穿戴得體的形象，如在眾人面前挖鼻孔、抓耳朵、抓衣角……

另外，還要注意你的語言，說話時語氣要堅定。因為堅定、果斷、熱情的語氣能體現對所說事情或學術理論的肯定。表述自己時音量適當，語調平穩，速度不緩不急，此舉能顯示你對說話內容信心十足；而如果說話過於急促、細聲細氣將會影響你自信的形象。利用呼吸換氣時斷句，可以避免許多不必要的「嗯」、「啊」等語病，內容會顯得更加流暢有條理。

切忌以疑問句結束陳述事實的語句，以免影響語氣的堅定。另外，注意盡量放鬆，不要緊張，即使緊張是每個人都不可避免的。緊張有許多生理反應，如冒冷汗或呼吸急促，但是可以透過放鬆的小技巧來克服，如深呼吸或者直接表述出自己此時此刻緊張的事實。

4.4 反抗心理：應該如何面對別人的錯誤

很多家長在抱怨孩子太叛逆，不聽話，並感到對此毫無辦法時，其實應該看看陶行知先生是怎麼處理一個因打人而犯錯誤的同學的。他給了這個孩子三顆糖，第一顆糖獎勵他能準時來接受處罰，第二顆糖獎勵他被制止時能立即住手，第三顆糖獎勵他打人的原因是看不慣別人欺負女生，然後他才對這個同學進行了說理教育。其實很多時候，鼓勵可能比禁止來得更有效，心理學上有個「禁果」實例。

據記載，在很久以前，馬鈴薯並沒有被人們作為食物食用，然而一次偶然的機

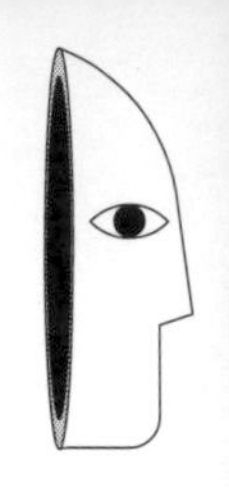

會，一個學者發現了馬鈴薯不僅可以食用，而且味道很不錯。可是，對於如何向百姓傳達這個消息卻讓國王為難了。因為馬鈴薯長相難看，而且還是生長在地裡，所以長期以來都被作為「鬼果」。

當時的人們侷限於天神土地的思想，覺得吃土地裡挖出的東西是對神不敬，而且人們對這種詭異的「果子」充滿了恐懼。為此學者想到了一個主意，他申請國王批給他一支全副武裝的國王衛隊，日夜看守在種植了馬鈴薯的一片園地裡。周圍的百姓出於好奇，紛紛趁夜裡偷偷進園挖這種神奇的植物，並栽種在自家院子裡。

半年以後，人們接受了這種食物。從此馬鈴薯作為一種菜餚端上了普通百姓的餐桌，並發展出馬鈴薯泥、馬鈴薯醬、燉馬鈴薯、紅燒馬鈴薯等多種菜餚。而學者也因為成功地使用了反抗心理，受到了國王的嘉獎。

反抗心理就是透過表面上的某種行動，去說服對方採取相反的行動。因為在人的潛意識中都有叛逆的情緒，即所謂越是禁止的，大家越想嘗試。說到這裡，對於本節最初的提醒，你是否也採取了與告誡相反的態度，翻看了封底的內容呢？看看，你也叛逆吧？

和你作對

反抗心理是指人們彼此之間為了維護自尊，而對對方的要求採取相反的態度和言行的一種心理狀態。儘管反抗心理有一些不良的影響，但是反抗心理如果運用得當，也會收到意想不到的效果。

心理學家普拉東諾夫在《趣味心理學》一書的前言中，特意提醒讀者請勿先閱讀第八章第五節的故事。大多數讀者都採取了與告誡相反的態度，首先翻看了第八章的內容，這就叫心理的叛逆現象。

依據反抗心理，如何對待別人的錯誤

許多父母在訴說著自家孩子是如何地「不受教」、「不聽話」，老師也講述著學生如何喜歡「作對」。有時他們對社會、學校、家長所做的正面宣傳嗤之以鼻，做出不認同、不信任的反向思考；對先進人物、榜樣無端懷疑，甚至否定；對不良傾向持認同情感，大喝其彩；對父母的教誨、思想教育及紀律規則積極抵制，甚至蔑視對抗，等等。

孩子的這些行為一部分原因是源於「反抗心理」的。因為成人總是禁止孩子做這

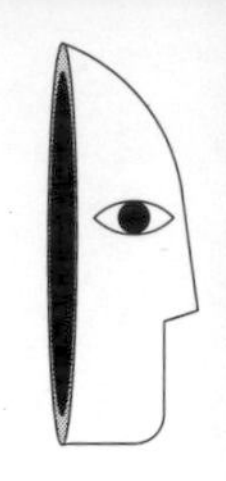

種事情或那種事情，在好奇心的驅使下，孩子往往會違背父母的意願，並造成很多不良後果。很多時候，孩子是沒有分辨是非的能力的，他們只是好奇，或者分析事情時沒能全面地看待事物，導致錯誤的行為。但是，這種固執和偏激，通常會讓他們走許多彎路，當醒悟過來時往往都已經太遲了。

另外一部分原因是成人總是「苦口婆心」、千言萬語、語重心長地勸導孩子，目的是為了讓孩子少走彎路，但其實孩子已經產生對立情緒，任憑你怎樣說，他都無動於衷。除此之外，孩子都有越是得不到的東西越想得到，越是不能接觸的東西越想接觸越，是不讓知道的事情越想知道的心理。

其實無論是孩子做了錯事，從行為的實施者來講，都會預測自己將被懲罰。殊不知，你越是懲罰他，他越是跟大人作對，繼續犯錯。如果能依據反抗心理，這時你不如嘗試著寬容些，不懲罰他，給他一個思考的空間。當孩子冷靜地進行分析時，他自己就會發現，「作對」是錯的，而這時你再講道理，將會取得不錯的效果。

每個人在被批評或者被指責的時候，第一反應都是產生抵觸情緒，這時的情緒都是下意識產生的，大多都還未進行分析和深入的思考。如果這時候對方不能合理

4.4　反抗心理：應該如何面對別人的錯誤

地疏導和控制，很可能讓這種情緒升級。因此，學會合理疏導這種叛逆情緒才能少犯錯誤。

林肯任職期間剛好是美國南北戰爭，當時戰爭結論初定，勝負已分。只要前方的軍隊乘勝追擊，這場戰爭就會立即結束，可惜的是，當時負責的將領卻沒有執行林肯的命令，眼睜睜地看著敵人逃走，以致使戰期延長。

林肯得知後很生氣，並寫了一封很嚴厲的批評信，怒斥這名將領違抗命令。可是讓人意想不到的是，這封信是在整理林肯遺物時發現的。信中的言辭較為尖銳，狠狠地怒斥了那位將領。可是，林肯沒有發出這封信，而是發洩了怒吼之後，更多地理解了將領下決定的原因。戰後也很寬容地對待了那位將領。

林肯的方法無疑是正確的，他透過寫信既發洩了自己的負面情緒，同時也避免了做出錯誤的決定。現實生活中，在處理一些公司事務的時候，這種情緒的控制更加重要。

老王是公司的資深員工了，但是最近公司換了新主管。新主管很年輕，一上任就開始進行各種改革，而且還指出了老王工作上的種種不足。

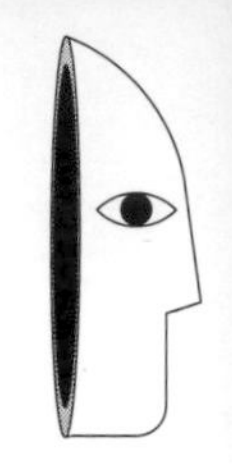

老王對此非常不滿，他經常當眾發洩對新主管的不滿，當然導致的直接後果就是讓主管對他的意見更大，經常找他的麻煩。就這樣兩個人的矛盾逐漸升級，最後老王一怒之下衝動地辭職了。

辭職之後，老王才發現自己面臨重新找工作、一切重新開始的窘境。而且由於工作性質的原因，他也很難再找到一個待遇和之前公司相同的工作了。冷靜地想一想，他發現雖然新主管有錯，但是自己的做法卻更加錯誤。如果自己可以寬容一些，新主管就會比較容易開展工作，而且自己的生活也不會變得這麼難了。

其實對待一些自己看不慣的事情存在反抗心理是人之常情，但是如果被這種情緒左右，做出不合理的行動，那就得不償失了。反過來領導者也應該寬容地對待有反抗心理的員工，這樣才能夠和諧發展。一個真正讓人肅然起敬的人，往往是在對待別人的錯誤中顯示其超凡脫俗的人格魅力，顯示其與眾不同的良好內涵。

4.5 掩飾心理：別讓錯誤越抹越黑

現實生活中有很多人都犯過錯誤，但是他們中的大部分人會一錯再錯，開始時只是走錯一步，接著使用各種辦法掩蓋錯誤，最終一步步走向悲劇。其實和我們掩飾錯誤所用的方法相比，幾乎所有的錯誤都是可以原諒的。

如果你看過電影《豆豆秀》，估計你就會回想起這樣一個鏡頭。豆豆先生要求跟隨負責接待他的先生到美術館看一幅名畫——《母親的畫像》。

可是豆豆先生偷偷地跑進藏畫的房間，打開安全門，近距離看畫時，不小心打了個噴嚏讓「惠斯勒的母親」的臉有了些汙點。無奈之下，豆豆先生趕緊拿出手帕擦乾噴上去的口水，可是不擦還好，擦了竟然導致「惠斯勒的母親」毀容了。

豆豆先生著急啊，這時接待人員也被此狀況嚇傻了。這幅名畫就這麼毀了，他們將面臨失去工作的懲罰。他們趕緊將畫藏好，以防別人發現。整個電影的後半部分就是豆豆先生用各種方法掩飾這個錯誤的過程了。

雖然在故事中豆豆先生最後逃離了制裁，但是現實生活中多數人沒有豆豆先生那

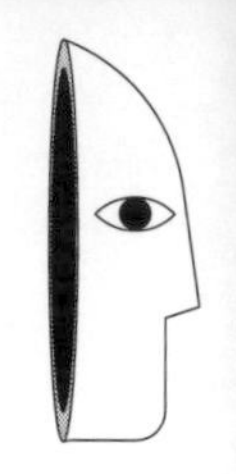

麼幸運，通常是用十個錯誤掩飾一個錯誤，最終導致錯誤越來越多而無法收場。

一葉障目的掩飾

掩飾心理是指在犯了錯誤之後，非但不去勇於承認，相反由於擔心被懲罰，或者因為恐慌所採取的遮掩的方法，企圖不被別人發現，或者避免承擔責任。就犯錯而言，即明知錯了，非但不想著改正，反而將錯就錯。

像是，在扣衣服扣子的時候，第一個扣子扣到第二個扣眼上了，這個人不但不去改正，反而順勢將第二個扣子直接與第三個扣眼相扣，直接導致第一個扣眼和最後一個扣子空閒著，衣服整個一個斜三角，也是特別奇怪，可此人還聲稱是自己的新創意。掩飾非但沒有將錯誤掩蓋，反而使錯誤更加明顯。

還有一種掩飾心理是，明知錯了，還自欺欺人。想透過欺騙的手段迷惑別人，也就是掩耳盜鈴這個家喻戶曉的寓言故事了。

幾乎所有的錯誤都是可以原諒的

一名青年在大學開學時為了虛榮心將自己包裝成富家子弟。不過，事實證明這完全是一個錯誤，為了將這個「裝」延續下去，四年的大學生活讓他花了二十萬元。這可不是一個小數目，畢業後為了籌措這些借款他想盡了辦法，最後不得不胡作非為，走上了犯罪之路。

這個青年一開始用一個謊言掩蓋最初的錯誤，接著不得不一步步地掩蓋接下來的每一個錯誤，最後讓自己墮落。其實，如果他第一次犯錯的時候，能夠承認自己的錯誤，而不是去掩飾，他的未來又將是另一個模樣。

很多到了高中蹺課或者不適應的孩子，只要承認並勇於改正錯誤，都是會改變的。或者說，與其掩飾錯誤所用的方法相比，幾乎所有的錯誤都是可以原諒，也是可以改正的。

4.6 負債心理：用自己的付出給對方施加壓力

假設你在馬路上遇到一個人讓你填寫調查問卷，你是否有時間幫忙呢？如果這個人幫你指了路，那麼他再讓你填寫調查問卷，你又是否會幫忙呢？答案是肯定的，

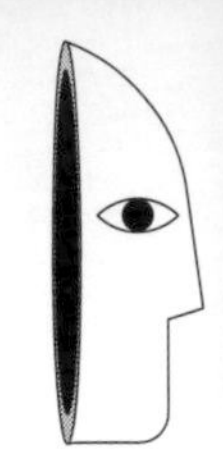

因為他幫了你，所以你幫他填寫調查問卷的可能性就變得大很多。

虧欠也可累積，且利息很高。美國空軍的著名戰鬥機試飛員鮑伯·胡佛是一位經驗豐富、技術高超的飛行員。在他幾十年的試飛生涯中，順利地試飛了許多機型。然而有一次，他在奉命進行飛行表演的返回途中，飛機突然發生故障，兩個引擎同時失靈。根據多年的飛行經驗，他還是成功地將飛機迫降在機場上。經檢查發現事故原因是用油不對——螺旋槳飛機用的卻是噴氣式飛機的油。

事故的責任人很顯然是負責加油的機械師，一時疏忽險些造成飛機失事及三個人的死亡悲劇。見到面如土色的機械師，胡佛輕輕地抱住他，並真誠地說：「為了能證明你能做得好，明天我想請你幫我完成飛機的維修工作。」

其實機械師早已自責內疚，根本無須指責，胡佛的諒解給他造成了長久的虧欠，而且一輩子都在償還。從此以後，這位機械師一直跟著胡佛，負責他的飛機維修工作，並且沒有發生過任何差錯。

生活中的很多事情都是這樣，對於大錯誤，其實不須別人指責。

負債心理學實驗

負債心理就是人們心中有一種不願虧欠他人的心理傾向，因此當你給對方一些方便、好處或者利益時，對方會覺得虧欠於你，並且他不想虧欠，所以就會抓住機會進行回報——給予你相應的方便或者幫助等。

那麼，是不是現實生活中真的存在這樣的負債心理呢？康乃爾大學有一位名叫丹尼斯·雷根（Dennis Regan）教授，他一直想證明負債心理，因此設計了這樣一個實驗。

實驗創設了一個比較真實的環境，邀請兩個人（一名是真正的實驗者，一名是實驗助手假扮的）參加一次藝術欣賞活動，他們被要求為一些藝術品進行評分。在為藝術品評分的休息期間，假扮的實驗者會出去一會兒。

在假扮的實驗者回來時，一種情況下，他帶回來兩瓶可樂，其中一瓶贈送給被測試對象，一瓶則留給自己；另一種情況下，他兩手空空地回來，什麼都沒帶回來。實驗就是想透過實驗助手假扮的實驗者是否給另一個人帶回一瓶飲料這樣一個小小的行動，測試負債心理是否影響真正實驗者的行為。

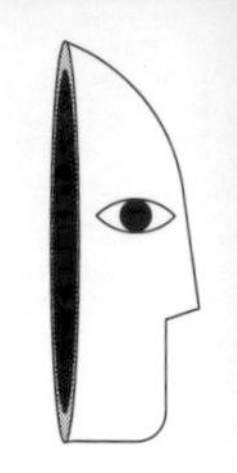

在進行了假扮的實驗者給另一個人買可樂或者不買可樂的行為之後，假扮的實驗者都會與真正的實驗者繼續聊天，並聲稱自己正在為一家汽車公司銷售獎券，每張兩角五分，如果他賣掉的獎券最多，那麼他將能夠得到汽車公司的一筆獎金。然後他會問另一個人能否幫忙買一些，多少都行。

結果中途獲贈一瓶可樂的真正實驗者購買其獎券的張數，比未獲得免費可樂的人要多兩倍。

實驗結果表明，儘管贈送免費的可樂和推銷獎券並不是同時進行的，而且兜售獎券時也並沒有再提到可樂的事，但是被測試者的腦中還是會受到先前虧欠感的影響，並願意對此禮尚往來。

給對方施加壓力的技巧

現實生活中經常有商家利用這種虧欠心理做活動。在繁華的室內街區，經常會撞見一些正在發各種試用品的俊男美女，其實他們的這種銷售手段就是利用了讓客戶產生虧欠與負債感的方法，使對方迫於虧欠心理的壓力，相應地做一些回饋性行為。

例如，接受產品試用的人們在完成試用的過程中產生了負債感，迫於壓力或者為

4.6　負債心理：用自己的付出給對方施加壓力

了平衡掉這種心理虧欠的感覺，會或多或少地購買一些商品。在美國，一些銷售家庭及日常護理用品的公司，就會在銷售中採用類似的促銷手段進行銷售或者進行一些真正有價值的調查活動。

因為現在商品或社會調查已變得很難實施，人們會直接用沒有時間等藉口直接回絕調查員，所以利用負債心理確實是不錯的選擇。首先他們將公司經營的日用品，諸如廚房清潔劑、除臭劑、拋光劑等日用品透過精美的包裝做成試用裝之後，由專門人員送到各個社區。這些專門的銷售人員把試用品留在社區居民的家裡供人們試用幾天，且整個體驗過程不收取任何費用。試用期結束後，這些專門的銷售人員會上門取走剩餘的試用品，這時銷售人員會徵詢試用意見，或者請求填寫一些意見，大多數時候，人們會很好地配合完成意見反饋併購買一些商品。

正是這些小小的舉動促成了一筆筆巨大的生意，或者取得了能夠讓經營業績快速成長的真實的調查結果。

在生活中，普遍存在著這種由於覺得自己在某方面虧欠別人，而自主或不自主地補償別人的做法，並且這也是人際交往中的一個心理潛規則。寬容的諒解，會讓別

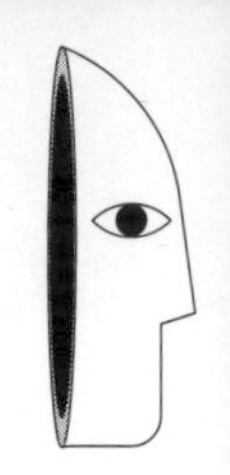

人產生強烈的虧欠心理，從而時刻想著伺機回報。就在別人想盡一切辦法報答這份人情債時，你已經成為了對方的主宰者。

4.7 換位思考：學會從對方的角度思考問題

不同的人會有不同的計算方式，從而得出的結論、答案也有所不同。數學家為了證明1＋1＝2而窮盡了半生的精力，而能算出1＋1＝3的是作家，能算出1＋1＝0的則是哲學家。為什麼這麼說呢？仔細想想，數學家是實事求是的，他們認知謹慎，而且那是科學，來不得半點虛假；作家喜歡在原來的故事上進行加工，誇大事實；而哲學家是研究事物兩面性的，從正反兩個方面看問題時，弊和利絕對同時存在，因此正負抵消等於0。

也許你會說我詭辯，但是如果真的讓三位專家同坐一堂談論此話題，他們肯定會拿出自己的依據，而且他們的依據多是以他們的專業背景為出發點，從特定的角度進行分析，最終因為分析看待問題的角度不同，得出的結果自然也會有差異。

4.7 換位思考：學會從對方的角度思考問題

這就是換位思考，即設身處地為他人著想，即想他人之所想，理解至上的一種處理人際關係的思考方式。人與人之間要互相理解、信任，並且要學會換位思考，這也是人與人之間交往的基礎。在生活中需要人們能夠多站在別人的角度上思考。

換位思考不是輕飄飄的四個字，若要學會它就要有寬廣的胸懷、博大的氣度、體貼入微的心腸。世事無絕對，每一件事情都是有雙面性的。

當我們與他人意見相左時，不妨也換位思考一番，設身處地地從對方的角度去思考處理問題，有可能會化解某些我們看似無法調和的衝突。在我們「山窮水盡疑無路」時，如果能夠換位思考，那麼就很可能進入「柳暗花明又一村」的境界。

如果你已經準備好了，就請拿出虛懷若谷的胸襟，學會換位思考，你會發現，世界原本可以如此美麗，生活原本可以如此豐富，精神原本可以如此充實。

換位思考是人對人的一種心理體驗過程。將心比心，設身處地，是達成理解不可缺少的心理機制。它客觀上要求我們將自己的內心世界，如情感體驗、思維方式等與對方聯繫起來，站在對方的立場上體驗和思考問題，從而與對方在情感上得到溝通，為增進理解奠定基礎。

心理諮詢師在做諮詢時有一項非常重要的能力，稱之為移情。作為一個心理學術語，它是指透過交流，諮詢師自身產生與來訪者所感受的感情相接近的感情體驗。通俗地講，也就是指站在來訪者的立場上，設身處地地為來訪者著想，用來訪者的眼睛來看來訪者的事情，並從來訪者的角度體驗來訪者的情感。恰當的移情能夠幫助諮詢師制定出真正適合來訪者的諮詢方案。

在工作和生活中，常會遇見一些比較容易衝動、爆發爭鬥或者拳腳相加的情況。有一個拳掌原理可以很好地教會大家如何處理類似的問題。拳掌原理即是一套用拳掌做出的動作，其基本要領是，雙手變拳，虎口向上，兩拳對立，相互撞擊，請體驗此時的感覺；繼續用全力撞擊；然後兩拳一個變掌，一個仍然為拳，此時繼續相互撞擊，繼續體驗這時的感覺；最後兩拳均變掌，手心相對，擊掌，就像給臺上演員鼓掌喝彩一樣，再次體驗此時的感覺。

做完這三個動作之後，我們講解分析一下：首先當兩拳互相撞擊時，如果是兩個人，此時的感覺必然是你痛，他也痛；當第二動作，一個為掌，一個繼續為拳時，預示著一方是包容的，為他人著想的，所以此時感覺不痛，而且即便是一方怒氣衝衝地衝拳過來，只要你有一顆包容的心，也會驅散對方內心的陰霾。最後的兩

4.7　換位思考：學會從對方的角度思考問題

個掌，其實是在暗示如果雙方都能換位思考，互相欣賞，互相理解，就不會產生衝突，而此時雙方的感受都是溫暖的。如果你看到這段文字，並且你真的認真做這套動作，恭喜你，你以後肯定是一位善於從他人角度思考的好同事、好家長、好老師……

移情換位也是一種交換，你理解別人，別人也會理解你；你給別人帶來快樂，別人也會給你帶來快樂。學會移情換位是高情商、高智商的表現，有助於相互理解、相互支持。例如，當你學會站在他人的立場上思考問題、處理問題，積極地參與他人的思想感情，意識到我也會有這樣的時候，我遇到這樣的事情會怎麼樣時，你就會發現對方的做法也有他的道理，這樣才能實現與別人的情感交流——理解，減少摩擦和誤解。

了解他人，體恤他人，這是每個人都應該具備的品格，這樣可以激發你對他人的愛、同情和理解，而這些情感是形成每一種重要的人際關係的核心。在交往的過程中，如果兩個人都只為自己著想，期望他人能為自己做點什麼，而不考慮自己也應該為對方做點什麼，那麼他們之間的關係就不會順利發展，必然會矛盾重重。

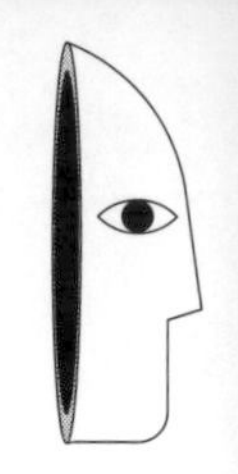

要知道，健康的人際關係應該建立在利益共享、互相幫助的基礎上，而不是一方付出，一方獲得。因此，在與他人的交往中，一定要為他人考慮，如果發現自己的行為可能導致與他人之間的矛盾，就要盡量避免，特別是和上級、主管之間，一定不能因為自己的意願而不顧及領導者的想法。

4.8 如果沒人支持你怎麼辦

故事一　當公司職員還是開店當老闆（王某，男，二十九歲）

「一直以來都是當個上班族領薪水，不過我最近想了許多，我想自己做點小生意，速食店就是不錯的主意。我分析了一下所在的這個商業區，有三家大型商貿市場，一個公車站，幾棟辦公大樓裡還有一些小公司，他們都需要外賣。私人公司老闆、攤販和上班族通常早餐、中餐都在外面吃，應該是個不錯的市場。這些年稍微有些積蓄，想自己做些事情。可是我把想法跟家人說了，他們並不支持我。他們的理由是有風險。」

4.8　如果沒人支持你怎麼辦

故事二　考還是不考？（李某，女，二十七歲）

「我真是不知道該怎麼辦了，今年的研究所考試讓我與目標學校擦肩而過，本來已經進入複試，可惜還是被刷下來了。其實可以考到其他間學校，但是我不甘心。我想再考一年，因為今年已經考出不錯的成績了，說明我還是有這個能力。只是周圍的同學都在忙著找工作，媽媽也很著急，勸我還是找工作吧！周圍的人沒人支持我，好迷惘啊，大家都以為我是在逃避找工作，但我只是喜歡我所學的專業領域，可是又覺得這個理由似乎不太充分，如果我選擇再考一年，還是需要很大的勇氣的，該怎麼辦呢？我想徵求一下大家的意見。」

上面兩個故事是諮商中經常遇到的，很多年輕人有些想法，但是苦於沒人支持，也苦於缺少能為自己出謀劃策、在這個時候幫自己一把的人。

一方面這些人有著一個看似不錯的理想或者願景，另一方面他們擔心失敗，擔心家人不支持。社會支持（如家人、朋友的）、物質支持、精神鼓勵等在人的一生中都有著重要的意義，也是能夠緩解壓力的良藥。

例如，因為工作壓力、生活壓力；因為周遭的生活噪音等產生了煩躁、憂鬱、緊

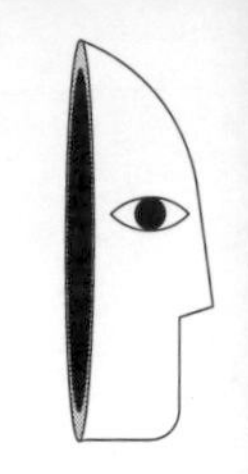

上腺素等激素水準升高的壓力症狀時，好的社會支持系統都能幫助緩解這些症狀。家人、朋友的理解和寬容能夠讓他們安心地分析事情，理智地對待困惑。

那麼，對於故事中的主角，在面對無人支持的困境時該怎麼辦呢？

首先，建議大家要有一個坦然的心態，讓自己冷靜下來，然後再仔細分析事情。如何分析事情也是有技巧的，「這樣做行不行？需要具備哪些條件才能保證成功？我具備了哪些有助於成功的要素？有哪些要素是我不具備的？這些不具備的要素可以克服嗎？如何才能克服？如果失敗了，我能承受住打擊嗎」？

仔細思考這些問題，會更加清楚地了解自己所要做的事情，也就能更加清楚成功與失敗的比例。例如，故事一的主角已經仔細地分析過市場，如果在仔細分析時問自己是否具備開店的能力？（我總是面帶微笑），開這個店需要什麼方式，這些方式我能辦到嗎？（能，我有些同學能幫我），我有拿到訂單的方法嗎？（發些小廣告、傳單，免費試吃一天，只是吃完請給我的店提些意見，根據互惠原則，顧客不會拒絕試吃的），我怎麼才能拉住顧客呢？（價格實惠，而且真的很好吃，從顧客的需要出發，免費送餐，而且接受預訂等），多進行換位思考，了解顧客真正需要什麼，最後分析出成功的比例，以及失敗後自己能否承受？（失敗了，大不了再去找工作，從頭再來）。想明白這些還有什麼不可以做的。

再看故事二的主角，同樣可以仔細分析這些問題，因為畢竟已經與報考學校擦肩而過。但是每個家庭可能還有其他的問題，比如父母退休了，無法繼續給予經濟支持了，這都需要綜合考慮，總之可以仔細地分析利弊、成功機率，最後恰當的使用一些心理原則，如互惠原則、社會認同原理和權威效應來獲得親朋好友的支持。不管怎樣都要對自己的行為負起責任。

生活是一門藝術，而我們每個人都是自己生活藝術的創造者，發揮自己的才能和想像力，創造屬於自己的生活藝術吧。

第四章　你不能脫離社會而存在

第二篇　行為心理學

為什麼有FBI能看出罪犯撒謊呢？為什麼你老婆可以發現你在騙她呢？為什麼有些人總是愛叉著腰說話呢？這些都是行為心理學研究的範疇。其實在人們的日常生活中，很多心理訊息或者真實想法都是透過肢體語言來表現的。了解這些行為背後的心理祕密，對解讀別人非常有幫助，也會讓你在生活中如魚得水。

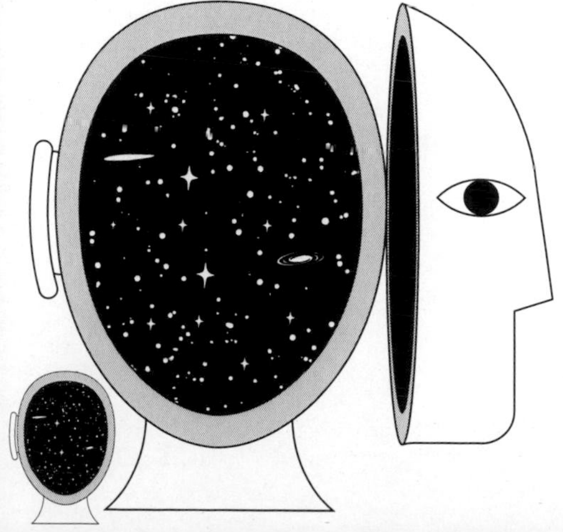

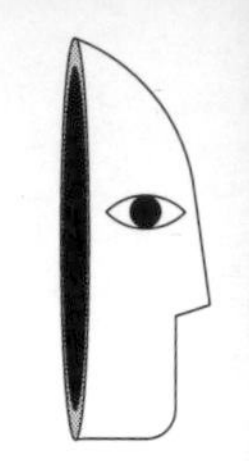

第五章　形象和語言是心理的外在反映

俗話說「人靠衣裝，佛靠金裝」，一個人的外在形象和語言能夠體現其內在氣質和心理活動。同樣，一個人的動作和神情也可以反映出其真實想法。很多時候人們並不會刻意地隱藏這些訊息，因此從這些形象和語言得到的訊息，有時候會更加真實可信。

5.1 衣著體現的心理

心理學教授彼得．羅福博士曾多次實驗證實：衣飾華麗的人富有自信心，對參加社會活動很有興趣，非常喜歡交朋友，而且對異性能保持良好的友誼；而不注意衣著的人，則不喜歡參加社會活動，不善於與人交往，性格內向，有自卑感。在衣著方面到底藏著多少心理祕密呢？

彼得．羅福博士和他的助手曾進行了多次測驗。他們把女學生分成兩組：一組是衣著華麗、極講究打扮的；另一組是不修邊幅、不注意衣飾的。羅福博士從對這兩組少女的觀察研究中得出了一個結論，證明兩組少女在性格上有極大差異。

確實，講究色彩搭配和喜歡複雜衣飾的人，個性比較實際，有自信心，但驕傲自滿，愛支配他人，易衝動，往往會陷入虛榮的歧途。喜歡素色和簡單衣飾的人，個性內向，生活樸實，溫和淑靜，但缺乏自信心，少有上進心，依賴他人的心理較強，遇事猶豫不決，難以做出成績。

哥倫比亞大學的心理學教授們指出：衣飾整潔者，無論如何總比不整潔者活潑爽

朗得多。

衣如其人

紐約大學的心理學教授彼得．羅福博士說：一個人的衣飾，不僅可以表露他的情感，還可以顯示他的智慧。同時，從他的衣著習慣，更可以透露出他的人生哲學和人生觀。

美國著名的心理學家兼社會學家喬治．納甫博士，就衣著和性格的關係劃分出了以下六種類型。

（1）智慧型。這種女子頭腦冷靜，思想縝密周詳。如果她要購買一件新衣服的話，一定會先考慮到它是否合體，衣服是否有特色，裁剪縫紉得是否精細、結實和令人滿意，因為她把衣服看成是其財產的一部分。

（2）經濟型。當她購買新衣服時，第一件事就是要先計算一下是否合算。為了貪便宜，她會去買過季商品和清倉的衣服，還會去光顧舊貨店，挑選自己所滿意的衣服。

（3）唯美型。這種女性常被唯美觀念所支配，她在選購衣服時不求經濟耐用，但求美觀，只要能穿上一件時髦的衣服，她就心滿意足了。

（4）人道主義型。她買衣服沒有目的，常會買下不需要的衣服。似乎她買衣服的目的是為了讓服裝店多做些生意。日積月累之後，她的衣櫃和箱子裡的衣飾堆積如山，但適用者不多。

（5）政治家型。她所穿的衣服，特別注意款式圖案，希望能給別人留下很好的印象。

（6）宗教家型。她喜歡款式簡單的衣服，色彩樸實無華，保守而趨向拘泥，盡力避免虛飾。

從一個人對服飾的偏好上，往往可以推測其心理，這一點在女士身上更為明顯。有調查發現，一個人所偏好的顏色常常代表其性格和感情的色彩。

裁剪精良、線條簡潔的衣服能彰顯一個人的品味，增加別人對你的信任度。時尚雜誌上西裝所傳達給人的訊息是自信、有經驗、現代感。另外，所選擇衣服的主色調也能顯示一個人的心理特點。

喜歡穿紅色服裝的女性被認為是「具有豐富願望的年輕型」，生活中她們常常感到不滿足，富有冒險精神，追隨流行時尚，但其變幻無常的性情常常令人捉摸不透。

喜歡穿黑色衣服的人多半對自己的身材不滿意，為了隱藏不理想的體型而有意識或者無意識地選擇這樣比較顯瘦的色調，不過也有的女性是由於黑色略顯成熟、穩重。例如，學士服的主色調就是黑色，預示著科學知識的神聖與莊嚴，嚴謹與客觀。因此，一些時尚專家建議，在面試時以著黑、灰、白、米色、深咖啡、海軍藍為宜，尤其是黑色，顯得幹練，並且黑色西裝配上白色襯衣讓人看上去很聰明，能提升一個人的氣質。

喜歡綠色的女性被認為是「堅韌實際的母親型」，生活中她們安於現狀，行動慎重並很努力，但害怕冒險和超前，性格內向且常常壓抑自己的欲望，在感情方面羞於主動。

喜歡白色衣服的多是年輕的少女，白色預示著純樸、可愛、天真無邪。經常看見大街上漂亮的荳蔻年華的女孩穿著白色的衣裙，像一隻白蝴蝶，那麼純真時尚、乾淨整潔、青春有活力。也許這就是為什麼護理師、醫師都選擇白色做職業裝吧，潔白的職業裝凸顯了莊嚴與聖潔。

每種衣服的顏色搭配都是有著特殊意義的。就說那學士服吧，學位依據不同的學科類別劃分為理學學士、教育學學士、工學學士以及醫學學士等，各個學科類別的區分主要在披肩的顏色上。基礎色黑色象徵著他們完成了基本的科學素養培養和專業的課程訓練，具備了基本的科學思想。

為什麼會突然轉變服飾風格

由於當代年輕女性都有很多衣服，因此我們就不能簡單根據上面的論述草率定論，不過從每天所換穿的衣服往往能看出這個人當天的心情。因為女性在挑選穿哪件衣服時，會受當時心情的影響。

如果一位女同事下班前半個小時就開始情緒不安，不時地看手錶，整理頭髮，並早早地脫下工作服，換上俏麗的服裝，還總是問同事自己穿的衣服是否漂亮，調查一下，你就會發現這位女同事正在戀愛或準備結婚了。

另外，服飾的改變，也能揭示出女人的內心變化。比如，一向喜歡穿風姿綽約的俏麗女裝的她，忽然改穿男性味濃重的服裝，如牛仔褲、皮夾克等，那一定是她的內心起了某種變化。不過，最容易判斷她心情的因素，莫過於衣服的顏色了。

女性往往具有這樣一種心理傾向：當她選擇某種顏色時，內心總是具有那種顏色

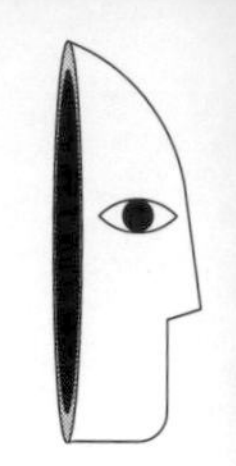

所代表的情緒。紅色，被她們認為是具有冒險性的；橙色，具有積極性；白色，是純潔性的象徵；紫色，具有貴婦人的氣質，穿上它就要處處留心自己的舉止言行；黃色，是天真的表示，可以盡量地向他人撒嬌；藍色，將促使她以誠實真摯的態度去待人；黑色，是為了像修女一樣盡量地抑制自己感情的外露；等等。

愛穿紅色衣服的女人，突然穿起了純白色的連衣裙時，十之八九是想隱藏起本心，希望別人把她看成是純潔無瑕的少女。

儘管衣服能夠展示一個人的情緒或者個性，但是不能將服裝視為唯一的判定依據。例如，白金漢宮的所有工作人員（包括女僕）都穿ARMANI服裝，這種衣服象徵著一種社會地位，但是一些高級酒店服務生可能也穿ARMANI，只是這絕不能表示白宮社會地位的意義。

5.2 裝飾物會出賣你的心靈祕密

裝飾物中的首飾、圍巾、披肩等，與衣服一樣都能顯示一個人的心理祕密。首飾素來與財富、高雅相伴；披肩彰顯的是一種優雅的貴族氣息；鴨舌帽代表著時尚、非主流、年輕。每一種裝飾物都有其神奇的祕密，傳遞著佩戴者特殊的心理情結。本節將幫助你理清這些裝飾物的特殊心靈祕密。

首飾的心理祕密

耳飾、戒指、手鐲，以及手鏈、腳鏈等首飾，都能體現一個人獨特的個性特點。在印度，首飾是不可缺少的裝飾品。一般而言，新穎的飾物更容易引起注意。要想在眾人面前樹立起一個鮮明的、不同於其他人的形象來，就必須將首飾作為刺激物，隨時進行調整，使之永遠鮮明。例如，某人佩戴首飾的效果常給人耳目一新或不同凡響的感覺，因為這些首飾的「引人奪目」，會改變或提升評價。

長久以來，首飾多為貴金屬或者寶石，因此常使得它和財富連繫起來。首飾還被看做是高雅的象徵，因此甚至有時還能成為滿足人們虛榮心的工具。心理學家發現，不同性格的人對不同的形狀會有一種特別的偏愛，在首飾款式的選擇方面也能表現出來。

第一，首飾的形狀偏愛所展現的心理祕密。活潑可愛的小女人傾向於選擇小巧明

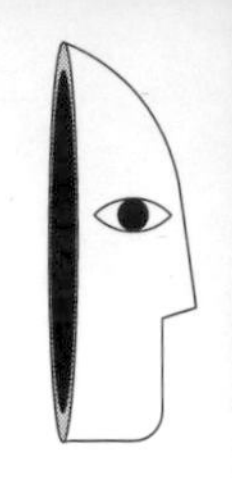

快的首飾；心思細膩、溫柔的女孩偏愛富於曲線美或流線型飾物；傳統的女性會選擇圓形款式；獨立性和創造性都突出的女強人多選擇佩戴橢圓形款式；而那些帶著心性飾物的女性可能正執著於愛情。

第二，首飾的顏色能營造明快、憂鬱以及華麗、質樸的感覺。這主要是顏色的明度和純度產生的作用。一般明亮而鮮豔的顏色呈明快、華麗的感覺；深暗而渾濁的顏色常帶給人憂鬱和不安的感覺；深色和灰色使人感到質樸無華。

這種視覺心理感取決於色彩的明度。明度高的淺淡顏色感覺輕，明度低的深暗顏色感覺重。不同的顏色能對人的心理產生不同的作用和影響。雖然這種作用和影響對每一個人來說不盡相同，但多數人所產生的感覺是一樣的。

值得提醒的是，首飾確實能夠造成提升評價的作用，也能讓佩戴者增色許多，並且穿耳洞、戴耳環，實質上是對耳部眼穴進行長期的溫和刺激，可以造成預防眼病的作用。不過佩戴首飾一定要注意衛生，避免佩戴不當，給肉體造成痛苦或引起疾病。耳環、胸針、項鍊三姐妹首飾要協調搭配，如金色耳環搭配暖色系的服裝，銀色耳環則應配冷色系的服裝。

5.2　裝飾物會出賣你的心靈祕密

披肩的心理祕密

披肩是一種品味的象徵，一份優雅的詮釋，更是秋冬季節最具韻味的裝飾。一襲披肩上身，纏綿嫵媚、浪漫優雅。套頭披肩演變自英倫披風，既有披肩的優雅又具披風的帥氣，搭配一條緊身短裙，上寬下窄的組合別具風情。披肩的顏色以配合服裝的顏色為主，素色的衣服配花色披肩，花色的衣服配素色披肩。

除此之外，也應考慮膚色，越接近臉部的顏色越要注意。一些披肩的選擇可能反映出要擺脫束縛，隨意搭在肩頭，就足以展現隨意自然的時尚。另外，將方格披肩倒圍在胸前，輕而易舉地就為造型增添個性與帥氣。

帽子的心理祕密

偏男性氣質的鴨舌帽雖然已不流行，不過也有部分人喜歡，但搭配起來並不簡單，背帶褲、格圍巾、皮手套都是鴨舌帽的好搭檔。

（1）愛戴禮帽的人。戴禮帽的人都自認為自己穩重而有紳士風度。他們的願望是讓人覺得自己散發著沉穩和成熟的氣質，經常表現得熱愛傳統，喜歡聽古典音樂和欣賞歌劇，有時甚至站出來反對那些他們自認為是糟粕的東西，要求政府出

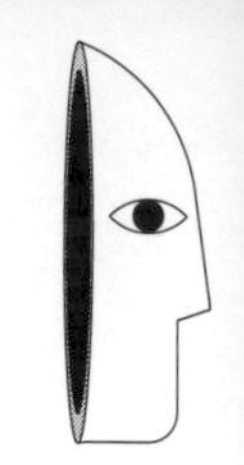

面制止這些大逆不道的行徑。他們欣賞一個男人穿西裝打領帶，一個女人穿套裝旗袍，而對那些袒胸露背、穿超短裙的女人不屑一顧。

（2）愛戴旅遊帽的人。旅遊帽既不能禦寒也不能抵擋太陽的照射，純粹是作為裝飾之用。戴這種帽子的人多半是用來裝扮自己，以此來給人留下某種氣質或形象；在某些情況下，戴上它還別有意圖，如用來掩飾一些他們認為不理想或者有缺陷的東西。因此，他們不是心地誠實的人，凡事喜歡遮遮掩掩，不肯以真面目示人，是善於投機的人。真正了解他們的人很少，一般人看到的只是他們的表面。

（3）愛戴鴨舌帽的人。戴鴨舌帽的人希望能顯示出穩重、忠實的形象。他們認為自己是客觀實際的人，從不虛偽，面對問題時，總能從現實出發，不會因為小節而影響整個大局。

（4）愛戴彩色帽的人。這類人對色彩敏感，清楚在不同的場合應穿不同顏色的服裝，應戴不同色彩的帽子，屬於天生會搭配且衣著入時的人。他們喜歡色彩鮮豔的東西，對時下流行的東西非常敏感，每當出現新鮮玩意，總是最先嘗試，懂得是那種「敢為天下先」的人。他們希望別人說他們的生活過得多姿多彩，懂得享受人生，並且總是以潮流引領者的身分走在時代前列。與此同時，他們有著一顆不甘寂寞的心。他們精力旺盛、朝氣蓬勃，經常邀請同伴們一起玩耍，盡情玩樂。儘管如此，卻也難以撫平他們那顆不安的心，他們的內心依舊充滿空虛感。

（5）愛戴圓頂氈帽的人。愛戴圓頂氈帽純粹是一種老百姓的派頭。他們對任何事情都非常感興趣，卻從不喜歡表達自己的看法，即使有看法也是附和別人的觀點，好像很沒主見似的。從某種程度來講，他們確實就是這類人，但事實上他們並不是沒有主張的人，只不過是不願意隨便得罪任何一個人罷了。

5.3 鞋子的心理祕密

老話說得好，腳下沒鞋窮半截，鞋對每個人來說確實非常重要，也許這就是為何當年一個賣草鞋的劉備都能夠成就三足鼎立之一的原因吧。因為人家賣的是鞋啊。當然這是開玩笑的。不過確實是可以從穿鞋、脫鞋、買鞋的習性，洞悉一個人的內心世界。

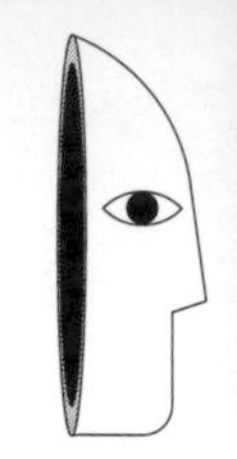

從鞋底磨損看心理

鞋子的後腳跟磨損之人：自尊心強，喜歡悠然自得。為什麼這樣說呢，通常人們走路時需要全部腳掌著地才能走得堅實穩定，但如果全部腳掌著地，重心就會全部轉移到一隻腳的後跟部位之後，才能邁出下一步，這樣的走路速度一定不快，一般都是慢悠悠的，性格也很沉穩。只不過性格沉穩的人多是不急不躁，做起事情有時不能立即決定，所以這樣的人都喜歡悠然自得的生活，滿足於現狀，也難成就大事業。

鞋尖磨損之人：個性急躁，堅持力、意志力不足，容易有心肺方面的疾病。這樣的人走路速度很快，腳步交替頻率很高，因為他們只是把腳尖用力踩踏便迫不及待地開始移動另一隻腳，有點像跑步的架勢。我們知道跑步跑快的祕訣就是前腳掌著地，而不是全部腳掌都著地。這樣的人正像開始蹣跚學步的孩子。不信你去觀察小孩子剛開始學習走步時的樣子，他們有點太急於想走路了，所以在大人夾住他們雙臂學習走路時，他們都是腳尖墊著走，速度很快，但是稍不留神就會被自己的另一隻腳絆倒。性情急躁的人多會患有心臟方面的疾病。

鞋底平均磨薄之人：節儉、行事謹慎及圓融，處事公允，為健康長壽型。因為腳本身是呈拱形的，稱為腳弓，腳弓的存在有助於減少與地面的摩擦，長時間走路也不會很累。

因此正常走路時是全部腳著地，其實對於鞋底而言有兩個主要部位摩擦嚴重，就是前腳掌和後腳跟，即腳弓的兩個端點。因此，鞋底表現為相對平均的磨損。這種人多是節儉的，做事也是小心謹慎，有條不紊，不容易受到外界干擾，相當公正。

後腳跟內側磨損之人：個性較為內向，脾胃較差。

脫鞋時，姿態循規蹈矩，並能整齊地排好或順手放入鞋櫃之人：做事認真，不好高騖遠；相當注重禮節及形象；主觀意識強，那個時期有可能正要表現出強烈的自我主張並尋求認同。

現在鞋子可以分為高跟鞋、運動鞋和靴子等。對不同類型鞋的偏愛也能展示心理特點。

從鞋子類型看性格

我們在街上最常見的就是穿高跟鞋的女士。儘管醫學專家再三呼籲鞋跟過高不利於健康，但女士們仍舊樂此不疲。

高跟鞋除了能彌補身高的缺陷外，鞋跟的升高還可以使女人身體修長、亭亭玉立、挺胸翹臀、凹凸有致，變得風情萬種。同時，鞋跟上的幾公分，不僅增加了生理上的身高，更是無形中提高了心理上的位置，讓自己底氣十足，展現成熟大方、喜歡思考、頭腦聰明的個性。這樣的女性在生活及工作上都相當盡責與努力，對周圍的人、事、物要求會比較高。

運動及休閒鞋深受年輕族群的歡迎。他們看上去活力無限，展現著青春、大方、容易相處。他們當中不乏喜歡穿拖鞋外出的人，大多有暴露性感、釋放美麗、被人欣賞的衝動，他們自信、輕鬆、隨意、散漫、我行我素、較少約束，他們不一定有很高的人生追求，但也不願意過十分清貧困苦的日子，唯一的生活標準就是舒適自由。

喜歡穿造型簡單鞋子的人，個性單純敏感，家庭教育嚴謹，容易壓抑自己的情感。一般來說，爸媽可能管得比較嚴，或是學校、工作場所風氣較為保守，所以平時言行比較內斂。

喜歡穿短靴或長靴的人，愛好自由，個性獨立，不喜歡受拘束，勇於表現自己。一般來說，這種女子不是外表出眾，就是相當聰明有能力，容易成為異性傾慕的對象。雖然看起來好像不難親近，但是要成為她們的朋友，必須具有某種才華，並且還要了解她們才行。

偏愛厚底鞋或造型特殊鞋子的人，注重時尚並且追逐流行，喜歡成為大家注目的焦點，外表看來作風大膽，其實內心相當保守。他們可能對自己本身不具備足夠的信心，所以希望成為流行的一分子，讓別人也注意到他們的存在。想要接近他們，必須多多肯定他們的優點，給予鼓勵，這會讓他們更加自信。

5.4 語言的祕密

許多教育者苦惱於孩子的教育，下面在講語言的祕密時，順便介紹一些神奇的

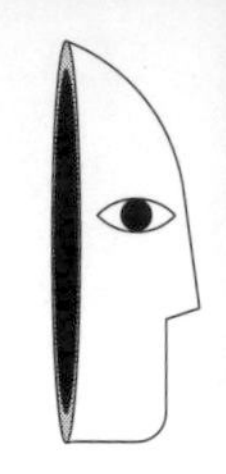

語言技術給大家——欣賞式探詢和焦點短程。從現在開始，嘗試回憶孩子所有的優點，所有的「例外的」行為，然後找個機會把你對孩子的誇讚告訴他，仔細觀察孩子的表情，是的，兩個特別神奇的工具。還等什麼，馬上開始吧！

也許你面對的真的就是一個無可救藥的壞孩子，但是只要認真觀察，你就會有新奇的發現。例如，一個每天都打人的孩子，被你叫到辦公室仔細詢問。下面我們試圖重現這個場景（A同學是一個經常動手打人的孩子）。

「A同學，今天你跟誰打架了嗎？」

「是的，他太可恨了，拿了我的書，還藏起來不還給我！」他很有理地申辯。

「哦，那你現在還很生氣，對嗎？可是你把他打傷了，他也很痛啊。」

「老師，我今天已經下手很輕了。」

「嗯，老師也發現了，那你能和老師說說為什麼下手輕了嗎？」

「我沒有用力打那個同學，因為打重了，回家後媽媽會打我的。」他小聲地說。

是的，你發現了，這個孩子還是很有自制力的，他在克制自己下手輕些來減少懲罰。你進一步跟他協商，「那下一次你在動手時能不能再輕些或者改為罵他幾句呢？」通常孩子會願意做這樣的嘗試的。

因此，老師說「哦，你好像懂得克制自己了，在自我克制方面你是班上最棒的孩子，你看，這次就是克制了怒火，然後下手輕了些，對嗎？」

「嗯！」他點了點頭。

「你這樣老師覺得你已經很棒了，那你願意做一個最最有克制力的孩子嗎？下一次在動手時能不能再輕些或者改為罵他幾句呢？這樣我保證你的媽媽不會再責罰你了，你願意嘗試嗎？」

其實，孩子在受到誇獎和鼓勵時是願意做這種嘗試的，因此如果下次孩子做到了，你一定再給一個獎勵或者兌現你的諾言。「壞孩子」也是有自尊的，他們也不願意被責罵。

鼓勵是一種動力

焦點短程和欣賞式探詢的共同精髓在於，在教育孩子時找到孩子好的、積極的一

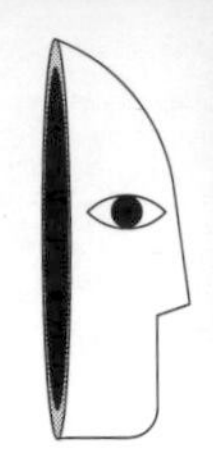

面，並給予積極的言語鼓勵。

首先，有必要介紹一下焦點短程的基本思想：

①用正向的、朝向未來的、朝向目標解決問題的積極觀點，以促使改變的發生；

②「例外」帶出問題的解決方法，不論是多麼麻煩的問題，任何人都不可能無時無刻處在問題的情境中，總有問題不發生的時候，這就是所謂的「例外」；

③沒有一件事是永遠相同的，在這個世界上，任何一個時刻，改變都在發生；

④小改變價值大，不要看輕了小小的改變，因為「小」的改變會累積出「大」的改變，就如「滴水穿石」一般。

其次，欣賞式探詢就是要搜尋最好、最美的一面，欣賞（appreciate）的一個含義是賞識、感激、珍惜價值，認識到人或物的亮點，肯定其過去或者現在的優勢、潛力，如醜石，醜石補過天啊；另一個含義是感知到賦予生命的寶貴價值，如健康、活力、年輕、美德、帥氣、美麗。探詢（inquire）的含義就是探索發現，為所有的潛力和優勢敞開發現之門。

在欣賞式探詢中，干預（intervention）讓位於探詢、想像和創新；發現、夢想、設計取代否定、批評。也就是用無條件的肯定探詢，增強系統理解、預測和提升積極潛能。欣賞式探詢的核心在於透過積極的面談來發現積極因素。每個孩子都有著積極的、值得欣賞和可誇獎的，善於誇獎孩子，就會使其發生轉變。

在眾多打人、傷人中尋找例外，這樣例外的經歷對孩子來說是舒服的，因此耐心地尋找孩子的例外很重要，這樣的言語能夠幫助其改正缺點。

其實在教育中，簡單的說教沒有任何意義，只有自己親身經歷了印象才是最深刻的，只有受益者自己主動體驗的才是讓被教育者感受最深刻的。老師應無條件的積極關注、欣賞、期待的理念來引導學生，不斷地給予鼓勵和支持，讓孩子在磨練中自我體驗，自己經歷。

教育者能做的就是時刻注意尋找孩子身上了優點或者例外，用鼓勵的言語激勵孩子，我們對孩子有信心，孩子才會對自己有信心。

弦外之音的祕密

小時候，爸爸就告訴我「聽話聽音」。所謂「聽話聽音」其實就是不要只聽話的

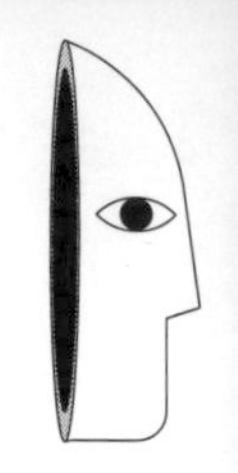

表面意思，還要關注弦外之音。人們說話的表面意思經常跟實際意思有些差距。

小時候，一個小朋友的父母經常不在家，就來我家玩，到吃飯的時候爸媽都會讓她在我家裡吃飯。起初，爸媽請她一起吃飯時都會問：「吃飯了嗎？一起吃飯吧。」她就說：「今天爸媽不在家。」其實她的實際意思是，她還沒吃飯，而且父母也不會給她做飯了，所以很開心能在我家吃。可見，如果不了解她的家庭情況就很難知道這弦外之音了。

與中年婦女交談時，她們的話題多是她們自己，因為她們覺得自己才是她們最大的關心對象。有時也談論丈夫或孩子，那是因為她們把丈夫或孩子看成了自己的化身，談論他們也等於在談論自己。

在青年男子的世界裡，他們最愛談論的話題是汽車。因此，關於汽車的雜誌也跟音樂、足球雜誌一樣暢銷。他們的話題幾乎都涉及與汽車的品牌、行程距離、速度等有關的話題，雖然他們中的大多數人都暫時買不起汽車。其實，他們那麼熱衷於汽車的話題，無非在表示自己將來有能力購車，或者是自己對這些懂得很多，而且這也是一種時髦的話題。

弦外之音最典型的是說話時，人稱代詞的使用轉變。人稱代詞的選擇能夠表現出人物間的關心。例如，韓劇《咖啡王子一號店》中那些跟燦一起工作的男服務生，他們稱呼燦為「我的燦」，其實就是為了表現出他們之間這種無比親密的關係，更顯示出對對方的曖昧和擁有之情。

再如，在審犯人時，嫌疑人突然將「我父親」轉變為「詹姆斯」而直呼其名，顯示出她無意識拉遠了兩個人之間的關係，以防止自己與事情有任何牽連。另外使用第一人稱單數的人，獨立心和自主性強，常用複數的人多見於缺乏個性，埋沒於集體中、隨聲附和型的人。人們總是認為是在用自己的話說話、寫文章，實際上無意中在借用別人的話，有自我擴大欲，反過來探詢這一點就能窺見他人的內心深處。

5.5 說話時的肢體語言

人們經常撒謊，違心地說著這樣或那樣的誇讚，然而肢體語言是不會撒謊的。肢體除了能夠表達誠實之外，還能表達同意或者反對的態度，因此從頭部、手臂和四肢等都會有誠實的訊息，只需要細細地觀察你也可以發現，並且你也可以做到像下

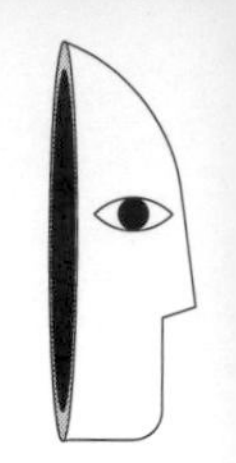

面的例子那樣，讓所有的謊言在你面前無所遁形。

那年我的學姐畢業了，導師讓我們每個人寫一句送別的話。我們使用的紙和筆是一樣的，將寫好的紙條交由一名餐廳的服務生來念，然後猜是誰寫的。當聽到「學姐，祝妳在之後的工作中順利，找到好老公。」時，是很難分析出是出自誰的話。

我覺得是坐在我旁邊的一個學妹寫的，可是如何判斷呢，靈機一動，就突然問了一句「海晶，是你寫的嗎？」這時她忙說「不是。」可是，她的頭卻點了兩下。很顯然這句話就是出自她的筆下。

因為頭部集中了所有表情器官，所以往往是人們關注、觀察身體語言的起點。頭微微側向一旁，說明對談話有興趣，正集中精神在聽；頭挺得筆直說明對談判和對話人持中立態度；低頭說明對談話不感興趣或持否定態度。身體直立，頭部端正表現的是自信、正派、誠信、精神旺盛。頭部向前表示傾聽、期望、同情或關心。頭部向後表示驚奇、恐懼、退讓或遲疑。點頭表示答應、同意、理解和讚許。

這下你明白了吧。旁邊的學妹雖然在言語上否認了，但是她的肢體語言出賣了她的真實答案。

誠實的肢體語言

其實，肢體語言比任何話語都誠實。人們的心理包括行為、情緒和認知等。它們是三個相對獨立的系統，因此它們如果存在一些矛盾就是很好的分析視角。為什麼能用說話時的肢體言語分析一個人的實際心理呢？

這就是因為行為和認知是獨立的，它們彼此獨立表達事情，語言很多時候可以造假，但是出於本能不受個體限制的、自發的行為是不會撒謊的。現在常用這些肢體的行為進行心理分析，並且在破案中發揮著很大作用，因為說話時的肢體語言常常顯示出很多真實的心理活動。

除了頭部，肩部往往成為很多人身體語言的「盲區」。肩部舒展說明有決心和責任感；肩部耷拉說明心情沉重，感到壓抑。肩部聳起說明處在驚恐之中；聳聳肩膀，雙手一攤表示無所謂，或無可奈何、沒辦法的意思。

手所表達出的語言訊息最為豐富，因此往往是身體語言的焦點。雙臂交叉，用一隻手握住另一隻手臂顯示了緊張期待的心情，也是一種試圖控制緊張情緒的方式；雙臂交叉，兩個拇指往上翹表示泰然自若，或超然度外，或冷靜旁觀、優越至上，

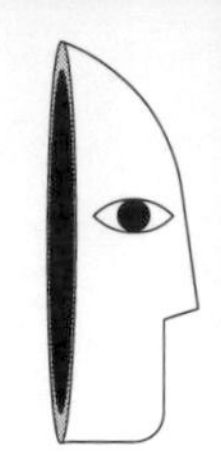

其中又包含著一定的防禦態度；一隻手臂橫挎胸前，並用這隻手握住另一隻手臂是一個人處於陌生的交際場合，缺乏自信，有點緊張不安時採取的姿態；用手指輕輕觸摸脖子表示懷疑或不同意的態度；輕輕撫摸下巴表示在考慮做怎樣的決定；手放在腰上表示開始動怒了，並隨時準備投入行動。

你無法隱藏的祕密

例如，當一名女性和一名男子談話時，用手掩著嘴巴說話或含著吸管和飲料瓶不放，很可能是在向男子袒露出她的滿腔情思；當起先對你冷若冰霜的女性，忽然頻頻捏起自己的手心來，或無意識地用手去觸摸自己脖子上的項鍊時，說明她的內心已改變了對你的拒絕態度。

還有，如果一位女士鍾情於一位男士，那麼當這個女士同時與喜歡的這位男士以及另外三位男士站著交流時，你會發現這位女士的腳朝向喜歡的這位男士的方向，並且整個身體朝向也是對著這名男士的。但是，如果一位女士在與一位不喜歡的男士交流時，若她不同意對方的觀點，就會無意識地將雙手抱起，或者雙手插入口袋，這都是不同意對方觀點的表現。

另一個很好的例子是，在交談開始時，如果一位女士傾斜著頸部和你交談，是一種傳情的訊號，說明她心中對你有很深的好感。如果她發現你對她這種脈脈含情的表示無動於衷時，就會抱起手臂，做出翹起腳又放下的動作。一般而言，這意味著她對你很不滿，抱手臂表示拒絕和反對，翹起腳又放下是內心寂寞的訊號。

如果一個人很喜歡或者欣賞或者尊敬某位教授、名人，那麼他就會無意識地模仿所欣賞的人的動作。在學術界有這樣一個神奇的現象，某位導師的學生會與自己的導師越來越像。這其實就是因為學生對老師不斷地增加敬佩和敬仰，在不斷地與老師的交往中，無意識地模仿老師。例如，老師喜歡撥瀏海，學生也會不自發地經常撥瀏海等。

5.6 言談風格的祕密

言談有時候並不只是一種交流方式，同時也可以成為一種武器，渾用得好不但可以完美地達到目的，還可以收到事半功倍的效果。

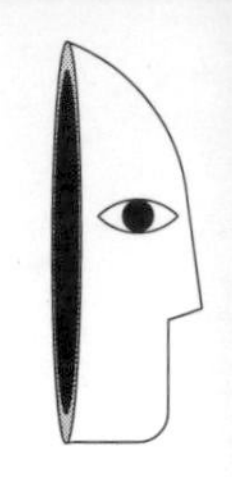

普丁身材筆挺，穿筆挺的西裝，說話一板一眼，一副大政治家的派頭。所有的俄羅斯人都崇拜普丁，也幾乎所有的俄羅斯女人將普丁視為最佳的老公人選。可是你知道嗎，普丁說話直來直往，甚至還夾雜著一些俚語，因此外國記者採訪他時，都不知道會從這位俄羅斯總統嘴裡冒出什麼話來。

一次，義大利記者採訪普丁，關於這個國家最著名的富豪（霍多爾科夫斯基）的問題。這時翻譯突然變得很難堪，「你必須一直遵守法律，而不只是在他們抓住你的卵蛋的時候。」

你是否在懷疑會不會是翻譯譯錯了，其實這真的是普丁說的話，這種話將有可能引起政治波動。不過了解普丁的人都知道，他的言談風格就是這樣，經常用一些俚語。

儘管莫斯科一些自由人士對此感到震驚，認為普丁使用這類語彙與國家總統的身分不相稱，但是許多俄羅斯普通大眾表示，他們就喜歡普丁這樣隨意的說話方式，而且與前蘇聯領導人赫魯雪夫相比，普丁說話已經是很文明的了。人們不會忘記，當年赫魯雪夫在聯合國脫下鞋子敲講臺的一幕。

5.6　言談風格的祕密

普丁出任總統後不久便「一鳴驚人」，在談到如何處理車臣問題時，他表示要「把他們從屎坑裡清除出去」。在布魯塞爾舉行的歐盟首腦會晤期間，有一位法國記者問了普丁一個有點敵意的問題，普丁回答：「來莫斯科吧，我們免費給你割包皮，我可以給你推薦一位醫生做手術，保證做完手術後那裡不會再長任何東西。」普丁的這番話傳開後，一些歐盟官員表達了他們的憤怒，而在俄羅斯卻是波瀾不驚。

按照普丁的個性分析，他是一個自控能力很強，從來不感情用事的人，因此不說這些「粗話」是完全可以做到的。那麼，為什麼能控制不說髒話還要說呢？

英國謝菲爾德大學俄羅斯系主任羅伯特・魯塞爾教授認為：第一，這樣的行為表示，普丁和赫魯雪夫一樣把自己視為普通大眾的一員。第二，普丁喜歡說點「粗話」，可能與他效仿的榜樣彼得大帝有關。歷史記載，彼得大帝在下令懲處克里姆林宮反叛的衛兵時，一口氣說出了七十四個髒字。顯然普丁不想重複彼得大帝使用的那些詞，他要給人一點新鮮感。例如，他在與蘇聯加盟共和國領導人會晤時，敦促他們努力工作，就用了不要「年復一年地嚼鼻涕」這樣的說法。

假設有這樣一個老闆，讓員工去買西瓜，說「一出門，往西走，第一道橋那裡就

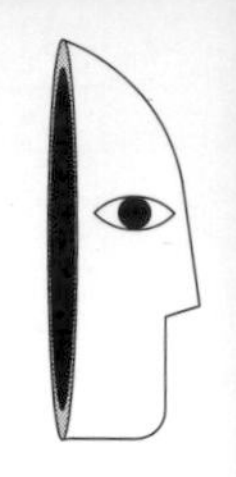

有賣西瓜的，你給我買一公斤的西瓜。」員工一出門，往西走，沒有看見橋，也沒有賣西瓜的，於是就空手回來了。

老闆罵他混蛋，沒有頭腦。他說：「東邊有賣的。」老闆問他：「為什麼不到東邊去？」「你沒叫我去。」老闆又罵他混蛋。該老闆的這種說話風格決定了最後的行為結果——沒有買到西瓜。下面羅列一下日常工作中的三種說話風格，請猜猜行為結果吧。

（1）老闆對員工說：「一出門，往西走，第一道橋那裡就有賣西瓜的，你給我買一公斤的西瓜。」

（2）老闆對員工說：「出去給我買一公斤的西瓜回來。」

（3）老闆對員工說：「你知道哪裡有賣西瓜嗎？」員工回答：「東邊有賣。」老闆吩咐：「那你到東邊給我買一公斤的西瓜。」

第一種結果剛才已經說過了，出門向西，並沒有橋，也沒有賣西瓜的，所以員工兩手空空地回來了，還被老闆狠狠地罵了一頓，心中充滿了怒火。

第二種結果呢，至於怎麼買，買什麼樣的，老闆並不具體吩咐，那麼，員工就有足夠的自主權，並以自身的經驗和能力判斷到何處買西瓜，並把西瓜買回來。

但是，員工可能會花費很長時間才把西瓜買回來，並會解釋道：「我先到西邊買，那邊沒有，後來又到東邊，才把西瓜買到。」

第三種結果呢，老闆在採取吩咐買西瓜行動方案或到哪裡買西瓜決策前會主動聽取員工的意見，並且採納，在想買西瓜前，需要了解更多的資訊，並希望員工參與決策，進行雙向溝通。

用心理學家勒溫的理論解釋，第一種屬於專制型風格，個人獨自做出決策，然後命令下屬予以執行，並要求下屬不容置疑地遵從命令，有點獨裁的性質。第二種屬於放任型風格，老闆不使用權力壓制下屬，員工買西瓜也有獨立性，但是更有些放任自流，使員工容易變得懶散。第三種是民主型風格，這種言談風格讓員工參與決策，提高積極性，並且是工作效率最高的方式。

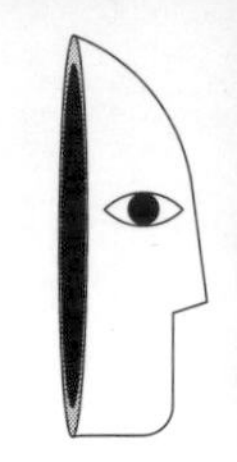

5.7 問答中展現的智慧

在談判和問答中會隱含很多心理學上的玄機，一個擅長言談的人，一定也是一個擅長心理戰術的人。

英國作家蕭伯納的長相略微誇張，身材瘦小，但他卻是一個非常風趣的人物，他能機智地回駁他人對他的諷刺。

有一次，削瘦的蕭伯納遇到一位肥胖的商人。商人想藉機奚落他，便說：「人們看見你，就知道世界上現在正在鬧饑荒。」蕭伯納不慌不忙地予以回擊，說：「人們看見你，就知道鬧饑荒的原因了。」雖然他只是在別人的原話裡加上幾個字，但經過這樣的改動之後，誰都能讀出話中對商人唯利是圖、為富不仁、奸詐狡猾的無情揭露意味。這樣的「妙答」真是大快人心。

還有一次，一個資本家想在眾人面前羞辱蕭伯納。他大聲宣告說：「人們說，偉大的戲劇家都是白痴。」蕭伯納笑著說道：「先生，我看此時此刻你就是最偉大的戲劇家。」想羞辱別人反而自取其辱，這個人臉都氣紅了。

這就是語言的威力，它雖然不是真正的傷害人身體的利器，但是卻能給別人的精神造成打擊，很多時候，這種打擊比武器的打擊更加實在和有用。

我們不能被問題的表面所迷惑，特別是很重要的場合，如面試或者回答正式詢問的時候。一般這個時候對方提出的問題都很有深意，並且他們對你的回答都早有準備，所以在回答之前一定要先分析出提問者的目的，這樣才能更好地應對各種問題。

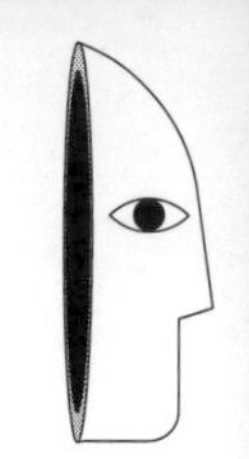

第六章　反映內心感受的面部微表情

很多人在經歷了世事，成長了之後，都學會了掩飾自己的真實想法。不論是善意的、惡意的，也不論是故意的，還是下意識的。但是，透過對表情的觀察，還是可以看到他們內心想法的蛛絲馬跡。如果你掌握了這樣一門學問，那麼你就能在任何時間、任何地點輕易地獲得先機。

6.1 透過眼神觀察內心

眼睛在人的五種感覺器官中是最敏銳的，眼神有動有靜，有散有聚，有流有凝，有上揚，有呆滯，有陰沉，有下垂，眼神透露著很多內心祕密。

深層心理中的欲望和感情，首先反映在視線上，視線的移動、方向、集中程度等都表達了不同的心理狀態。觀察視線的變化，有助於人與人之間的交流。讀懂人的眼色便可知曉人們的內心狀況。透過眼睛看人的方法由來已久。言語、動作、態度都可以用假裝來掩蓋，而眼睛是無法假裝的。我們看眼睛，不重大小圓長，而重在眼神。

一般而言，眼神散亂，暗示此人正處於乾著急沒有辦法的情況，六神無主；眼神陰沉，這種眼神常在一些凶神惡煞的人物身上出現，這是兇狠的訊號，可能有一個毒辣手段正在伺機而出；眼神呆滯、唇皮泛白，這種眼神常在受到傷害的人身上看到，預示著此人目前惶恐萬狀，雖然口中說不要緊，但其實他在想方法。

眼神恬靜、面有笑意，預示著此人比較高興，對於某事非常滿意，這時向此人請

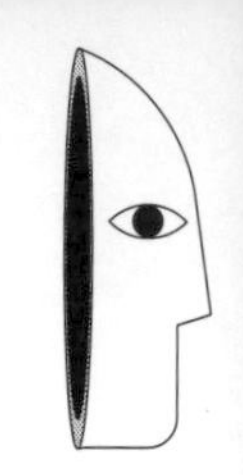

求辦事是最佳時機；眼神上揚，即可明白此人不屑聽你的話，不管理由怎樣充分，說法怎樣巧妙，都不會有高明的結果；眼神沉靜，預示著此人胸有成竹、穩操勝券。

眼神橫射，彷彿有刺，表明此人異常冷漠，如有請求，暫且不必向他陳說；眼神似在發火，表明此人此刻正怒火中燒，意氣極盛；眼神下垂，連頭都向下傾，說明此人心有重憂，萬分苦痛。

孩子的眼神是很平靜的，而大人的眼神是飄忽不定的，因為經歷了太多，反而不再鎮定。回顧自己各個年齡層的照片，關注所有的眼神，你會發現孩提時的眼神是那麼的淡定和平靜，也非常地純淨，純淨得就像是雪山上的泉水，沒有一絲雜念。隨著年齡的增長，眼神逐漸變得複雜、犀利，彷彿可以洞穿別人的心理；而飄忽的眼神是對自身定位及未來的一種迷惘，看起來有些許迷離渙散，甚至有點空洞。

如果你不相信，請你完成一個任務，仔細觀察（兩至四歲）小孩的眼睛的顏色，你會發現，這些孩子的眼睛清澈、單純，然後再對比自己的眼睛，混沌而深沉。當你盯著孩子的眼睛看時，他們的眼神是淡定的、平靜的；而當你盯著同齡的同事或者朋友的眼睛看時，他們的眼神或犀利，或飄忽，或憤怒，或疑慮。

6.2 透過視線了解人心

細心觀察，你會發現，視線接觸的時間，除關係十分密切的人外，一般連續注視對方的時間在三秒左右，過長時間的視線接觸會讓你對他的興趣大於他的話語，而讓對方感到不適；完全陌生的人凝視著你，你會感到反感，甚至感到焦慮，會下意識懷疑自己的穿著打扮是否得體；陌生人交換視線，眼神中還有可能透露出想說話的慾望，或想認識一下；「盯視」是一種不禮貌的表現，會令對方感到不舒服；「睇視」是一種不太友好的身體語言，除了給人睥睨與傲視的感覺外，也是一種漠然的語態；斜視，表示輕蔑；俯視，表示羞澀；仰視，表示思索；正視，表示莊重。這些都需要根據場合恰當把握。

視線直指人心

心理學家做過的實驗表明，人們視線相互接觸的時間，通常占交往時間的百分之三十至百分之六十。如果超過百分之六十，表示彼此對對方的興趣可能大於交談的話題；而低於百分之三十，則表明對談話沒有興趣。

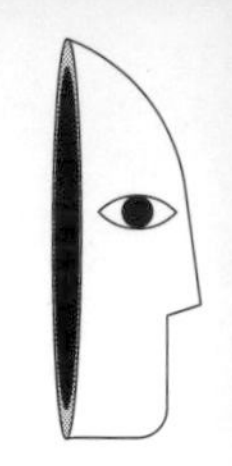

互不相識的人，偶然視線相遇，一般會迅速轉移視線，自然地避開對方的視線，因為被別人注視得太久，會覺得心理被看透了，有一種受到了侵犯的感覺。

當有人向你投來注視的目光，也就是說有視線的存在時，表示對方對你有興趣、想親近你或關心你。每個人都渴望被關注，如果對方不看你一眼，就是我們常說的「完全不把你放在眼裡」，就可以認為他對你缺乏興趣或不想關注你，是看不起你的做法。

如果死死地盯視一個人，特別是盯視他的眼睛，不管有意無意，都是一種不禮貌的表現，會令對方感到不舒服。盯視在某些特定場合，是作為心理戰的招數使用的，在正常社交場合貿然使用，容易造成誤會，讓對方有受到侮辱甚至挑釁的感覺。

如果有人想貶低你，他會用一種不禮貌的長時間盯視去看你，雖然他也向你投來了注視，但那是一種讓你受不了的目光。這種盯視，在敵對的雙方間，常常可以看到。

在西方，對異性瞇起一隻眼睛，並眨兩下眼皮，是一種調情的動作。「瞇視」對於漂亮女性，常常傳遞著一種「色瞇瞇」的訊息，讓她們感覺受到一種無形的騷擾。

刻意迴避對方的眼光或者眼睛瞟來瞟去，會讓對方覺得你不專心、心虛，從而得不到信任。眼神四處漫遊是一種猶豫、舉棋不定的身體語言訊息。

視線轉移的心理

視線的移開有主動和被動之分。主動移開視線的人是一種強勢的表現；被動移開視線的人，可以視為是在逃避他人的視線。初次見面的人，誰先移開視線誰就握有主動權。在交談時，如果自認為站在高於對方的地位，這個人就會試著先移開視線，這樣做會讓對方處在被動的局面，對方就會很介意，無端地猜想先移開視線的這個人的想法——「他是不是討厭我啊？」或者「他對我有什麼不滿嗎？這樣一味介意對方的視線，從而完全被引入對方的領域。由此可見，初次見面時，快速移開視線的人，比較具有攻擊性。

人們還有一個約定俗成的規矩。要是有人盯著我們看而正巧被我們發覺了，那個人就有義務首先移開視線。要是我們盯牢他的眼睛，他還是不把視線移開，我們就會感覺很不舒服，或者感到難堪和惱怒，認為這個人別有用心。

被動地移開視線，不是指被人強迫移開視線，而是指逃避視線。不願意接受別人

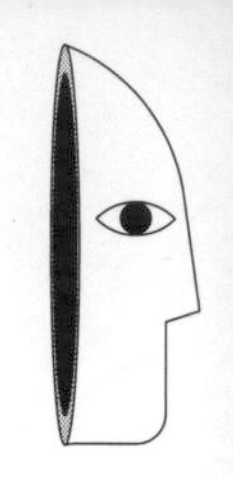

的視線，不願意與人進行目光接觸，是犯錯的人、內向的人、有愧疚的人常做的動作。簡單地說，這是一種鴕鳥心理，像鴕鳥一樣把頭埋進沙子裡，以為自己看不見對方，對方必定也看不見自己。事實上，躲避別人視線的人，肯定極不願意看到對方，同時，他們也根本不想讓對方看見自己。

視線角度的心理

視線的角度能提供很多有效的訊息，視線角度的動向能夠正確地指示一個人內心處於不同因素為主導的狀態中。

由上向下的眼光，一般包含著父母對子女，或長者對晚輩、上級對下屬的愛護、愛憐與寬容，同時也是一種高高在上的心理狀態，常見於領導者保持威嚴時。

由下向上的眼光，一般代表著尊敬、敬畏和撒嬌等心理狀態，如小孩子投向父母的目光，在聽科學家做科學考察報告時，都有一種仰視的崇拜。

平視，是一種理智、冷靜、平衡的人際關係，是理性與冷靜思考或評價的心理狀態。常見於朋友、同事或同輩人之間，大家都是平等的，誰也不比誰差，誰也不比誰強。

總之，視線也是窺探對方心理的一個管道。思索透了視線變化的意義，就能在瞬間洞察對方的所思所想。通常，仰視表達尊重和敬佩；斜視意味著不屑一顧；掃視說明譏諷。如果你在和對方交談，而對方的視線根本就不曾注意到你，說明他根本就不想理你；相反，如果眼神比較專注，說明對方在很專心地聽你講話。如果兩個人視線相撞，一方迅速地把視線移開，說明其性格內向、自卑，或者是有所隱瞞。

6.3 眉毛所代表的含義

眉毛是面部第二個展現心理特點的器官。生活中，表情是大家都非常熟悉的，那麼你仔細觀察過每種表情的眉毛的不同了嗎？

眉毛上揚，略微向外互相分開，造成眉間皮膚伸展，並使短而垂直的皺紋拉平，表達了內心的欣喜或驚訝，而「揚眉吐氣」正是對衣錦還鄉或沉冤得雪的最好表達。此外，它也能表現出好奇和詢問。單眉上揚時，是對別人說的話、做的事不理解，懷有疑問。

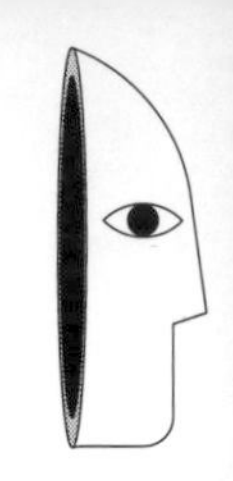

眉毛略向內聚，縮短眉毛間的距離，會使額頭出現皺紋，隨著人的日漸衰老，這些皺紋會逐步凝固下來成為老年人的「標誌」。

當人們遇到困難、危險或不如意的煩心事時，會情不自禁地皺眉。不僅如此，反感、不同意時，也會皺眉。深皺眉頭時顯現出想逃離現狀，卻有點猶豫不決的心情。有些皺眉帶有侵略性，好像在說：「我生氣了，你看著辦！」

眉毛上揚及相互趨近，表示嚴重的煩惱和憂鬱，通常有慢性疼痛的患者會如此，如一個頭痛的中年婦女經常眉頭緊縮。眉毛先揚起，停留片刻後再降下，稱為聳眉。聳眉有時單獨發生，有時伴隨著嘴巴的聳動發生，但其所表示的感情是悲傷的，或是驚訝或厭惡的。眉毛先上揚，然後瞬間再下降的短暫動作，稱為眉毛閃動，是人類通見的重要歡迎訊號。例如，當兩個人相遇時，人的眉毛會上揚，然後在瞬間迅速下降，這細微短暫的變化，與握手、擁抱、問好等不同，它發生在這些動作之前，但這是一種友好的表情，是情緒活動的表現。

6.4 嘴角所反映的祕密

嘴角是面部明顯的展現心理特點的器官。你仔細觀察過每種表情的嘴角的不同了嗎？

嘴角的細微變化主要與情緒有關係。心理學家指出，嘴角的面部肌肉向後上方揚起，能夠喚起愉悅的情緒，因此建議大家每天早上對著鏡子練習嘴角上揚，好讓一天的生活變得快樂。

一般而言嘴角向上，表示善意、禮貌、喜悅，這種身體語言特別會讓對方感覺到你的真誠和善解人意，如空姐標誌性的微笑，都是嘴角向上揚起。

嘴角向下，表示痛苦悲傷、無可奈何。此時可能是遇到了讓自己傷心的事情，如女友的離開，養了多年的小狗走丟了……嘴角略微向兩側延展，兩唇差不多平行，是恐懼的表現。如果一側嘴角上揚，另一側嘴角下降或者沒有改變，導致兩個嘴角不怎麼對稱，此時嘴角扯出一絲冷笑或者輕蔑，被認為是不尊重對方的表現。

在美劇《謊言終結者》中，年輕的女助手在辦案過程中產生了與萊特曼相反的想

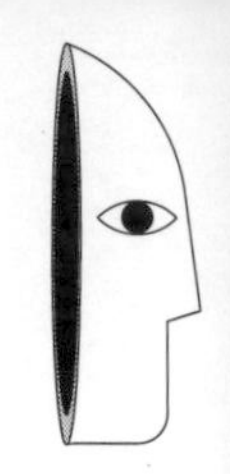

法，而當出現與女助手的猜想一致的證據時，她一側的嘴角向後抿了一下，這一下被萊特曼發現了，這個輕蔑翻譯出來就是「嘿嘿，老闆，你這個傻瓜！」

嘴唇緊繃，嘴角也處於繃緊會聚的狀態，表示憤怒、對抗或者決心已定。至少這個人心裡有另一番想法，他不能贊同發言者的意見。

有魅力的微笑是天生的，但依靠自身的努力也完全可以擁有。因此，演員或空姐透過微笑練習，能練出迷人的微笑。服務行業代表性的微笑是用筷子練習的，即用門牙輕輕地咬住木筷子，讓嘴角對準它，兩邊都要翹起，並觀察連接嘴唇兩端的線是否與木筷子在同一水平線上，並保持這個狀態十秒。

在第一狀態下，輕輕地拔出木筷子之後，練習維持該狀態，讓嘴角兩端一齊往上提，給上嘴唇拉上去的緊張感，稍微露出兩顆門牙，保持十秒之後，恢復原來的狀態並放鬆。

慢慢使肌肉緊張起來，把嘴角兩端一齊往上提，給上嘴唇拉上去的緊張感，露出上門牙六顆左右，眼睛也笑一點，保持十秒之後，恢復原來的狀態並放鬆。

6.5 表情的變化就是內心的變化

表情是一個人在特定情境中透過面部、語音、身體表現出的當時的情緒體驗，它是我們了解一個人內心情緒體驗的窗口。當人處於強烈的興奮、緊張、恐懼、憤怒等情感狀態時，往往抑制不住身體姿態的表情變化，而且不同種族、不同國籍的人這一點是共同的。透過它們可以反映出一個人的精神生活和內心變化。達爾文曾說過，憤怒時張牙露齒，恐怖時毛髮豎直、心臟急跳等，這些表情動作對人類的動物祖先有生物學意義，它們是動物長期生活鞏固下來的有用的習慣性聯合。

這些表情動作因遺傳保留在人身上，乍看起來，像是天生的人類表情，而實際上則可能是靠某種生活方式逐漸獲得的。有些表情動作，強烈而不可控制，是神經系統的直接影響。

緊張症候群

隨著生活節奏的加快，人們的情緒會因為各種壓力而出現緊張不安等各種症狀，情緒過於不穩定者還會並發失眠多夢、頭痛、腹脹、肢體浮腫等症狀，這被合稱為

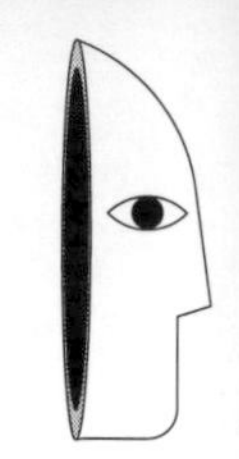

「緊張症候群」。很多人或多或少的都有「緊張症候群」的症狀。

很多人在面試遇見陌生人或者重要場合時會緊張，而緊張是透過一些表情表現出來的。例如，雙手插袋暗示緊張；緊抿嘴唇暗示窘迫；把玩飾物暗示心神不寧；雙手抱臂暗示內心不安。

以參加面試的畢業生為例，他們在面試過程中出現各種小動作（如撓頭、摸鼻子、咬手指、眨眼睛等）的比例高達百分之八十二。這些緊張的微表情往往會影響面試官對他們的印象。因為面試官更看重學生臨場表現出的素養，所以反映面試壓力的「微表情」逐漸被大部分面試官所關注。

緊張症候群的具體表現如下：

- 把玩領帶或飾物——心神不寧。
- 略抬頭，眼睛向上看——遲疑。
- 手扶眉骨——羞愧。
- 緊抿嘴唇——窘迫。
- 撓頭——不知所措。

6.5　表情的變化就是內心的變化

- 雙手反覆摩擦——焦慮。
- 眼神不集中，左顧右盼——害怕。
- 咬指甲——缺乏安全感。
- 雙手抱臂——自我保護，不安。
- 嘴微張，眼瞪大——錯愕。
- 手插在褲袋裡且肩部聳起——緊張。
- 手忙腳亂——心情緊張。
- 坐立不安——焦急慌神。
- 全身顫抖又冒虛汗——心虛，害怕。

快樂症候群

快樂症候群並不是一個嚴格的醫學或者心理學的概念，它是指因為愉悅和快樂而表現出的各種各樣的行為。這種行為也是發自內心，很難掩飾的。

面試被錄用，考試被錄取，過生日，自己主持的專案成功被老闆嘉獎等，都會令我們很快樂，甚至興奮。而存在的一系列表情正好預示著這樣快樂的內心感受。

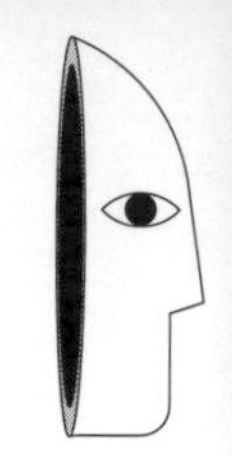

快樂症候群的具體表現如下：

．手舞足蹈——歡樂。
．拍手打響指——興奮。
．振臂——慷慨激昂。
．輕盈的腳步——心情愉快。
．昂首挺胸——自信與自豪。
．偷笑——心懷喜事。

恐懼症候群

恐懼症候群與快樂症候群一樣，也是一個非專業的概念，指的是人們因為恐懼的心理而產生的一些下意識或者習慣性的行為和表現。

恐懼是一種企圖擺脫、逃避某種情景而又無能為力的情緒體驗。當個體受到威脅時會產生並伴隨著逃避願望，而且對發生的威脅表現出高度的警覺。如果威脅繼續存在，個體的活動減少，目光凝視含有危險的事物，隨著危險的不斷增加，可發展為難以控制的驚慌狀態。

恐懼時會出現心跳猛烈、口渴、出汗和發抖等，而且肌張力、皮膚導電性和呼吸速度增加。恐懼的這些表現主要與腎上腺素的功能相連繫，而憤怒的表現則主要與去甲腎上腺素相連繫（因為有一種心理問題與恐懼有關，所以需要特別留意）。

恐懼症候群的具體表現如下：

· 心慌、顫抖、出汗、呼吸困難。
· 眉毛上挑並擠在一起。
· 迴避和自己不認識的人進行交談。
· 不進行眼神交流。
· 渾身不自在。

馬路憤怒症候群

美國學者首先提出了馬路憤怒的觀點，並用以解釋馬路上的事故。比如，交通堵塞，不知何時才能透過下一個路口；在馬路上和其他司機競爭，超過對方就高興，被對方超過就懊惱；旁邊的汽車打方向燈想變換車道，本能反應是加速跟上去，不讓他超車；看到其他司機錯誤或不守規矩地行駛時，儘管一點都沒妨礙自己，但厭

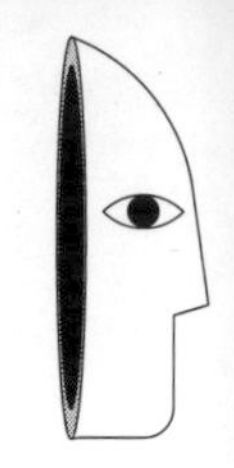

惡的情緒仍會油然而生。

馬路憤怒在造成了很多交通事故的同時，還傷害了自己的身體。憤怒時，腎上腺素、血管收縮素等激素分泌都會增加，嚴重影響心腦血管系統的健康。憤怒十分鐘耗費掉的精力不亞於參加一次三千公尺賽跑。

細心觀察他人或體驗自己的憤怒特徵，能及時避免危險事件的發生。

馬路憤怒症候群的具體表現如下：

- 全身肌肉揪緊。
- 脖子後的汗毛豎起。
- 心跳、呼吸頻率加快。
- 手指頭冰涼。
- 眉毛朝下緊皺、上眼瞼揚起、眼周繃緊。
- 鼻孔外翻、嘴唇緊閉。

6.6 面部表情的真實與謊言

一般而言，真實的面部表情和事實應該是一致的，並且呈現真實的表情時，各個機體的部位的表現也應該是協調一致的。比如微笑，從嘴角、眼角、額頭、面部肌肉上，甚至是瞳孔中都能看到微笑的成分。

一天晚上，丈夫很晚才回來。進門後，他向妻子解釋說因為有許多事要與同事和客戶交談，所以耽誤了很長時間。但是，他說話時卻下意識地用手摸了摸嘴唇，而且盡量避免與妻子的目光相對。如果妻子善於觀察，一眼便可看出：他的理由是編造的，而且是為了隱瞞什麼。

因此當各個部位的面部表情跟實際的表述不一致或者存在矛盾時，就有理由懷疑言談的真實性。比如，某人聲稱他聽到某位同事去世感到悲傷，而聽到同事升遷感到高興。那麼前者的表情也應該是悲傷的，即眼睛無神，眼神黯淡，視線下降，嘴角向下。後者的表情應該是開心的，即眼睛有神，眼神明亮，對視對方，瞳孔放大，眼角和嘴角上揚。

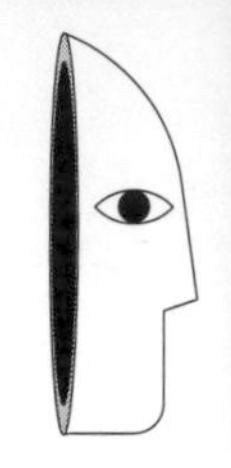

如果表情與所表達的情緒不一致，就是有問題的，是說謊的證據。一般而言，憂傷的表情眉毛會掛下來，而羞愧的表情則是低著頭，手撫摸額頭，作擦汗狀。

下面以微笑為例，來分析面部表情的真假。假如你想知道對方的笑容是否真誠，首先應該觀察他的眼睛，看他的眼角是否有「魚尾紋」。因為開心而發出的笑容會使雙唇後扯，嘴角上提，而且還會帶動眼部周圍肌肉的收縮，其表現就是眼角有沒有皺紋，若進一步仔細觀察還會看到眉毛也隨之微微下沉。

敷衍或虛假的笑容只能引起雙唇四周肌肉的收縮，不會有其他真笑的標識。照相時經常說「茄子」，是因為這個詞語的發音可以使顴肌肌肉群收縮以期望達到微笑的效果，可惜照出來的笑容往往看起來還是不太真誠的原因。此外，微笑的時候眨眼睛說明真的想到了令人幸福的事。

人們的表現即使在有聲語言方面有所掩飾，也會透過無聲語言，尤其是體態語言表露出來。因為體態語言具有習慣成自然的下意識特性，所以它比有聲語言更能表現出人的心理狀態。

值得一提的是，撇嘴角是經典的犯錯表情。若對自己的話沒信心，同時有吞嚥動作，且後退一步將兩手交叉於胸前都是說謊的提示，因為說真話時沒有必要有這些複雜的表現。另外，當一個人面部兩側表情不對稱時，他也很有可能在偽裝感情。

為什麼臉部表情會洩漏天機呢？這是因為人的大腦存在兩個通路，一個是情緒通路，另一個是認知通路，但是認知通路的加工速度遠沒有情緒通路的速度快。負責丘腦的情緒通路會快速將情緒反應傳遞給下面的神經系統，如面部、血液、各種激素等稱之為情緒的生理成分，而同時會將情緒向上傳遞給腦進行認知加工，稱之為情緒的認知成分。在情緒認知成分中，會依據以前的認知圖示、認知經驗對新來的認知進行分析、概況，然後再做出反應。

因此有時候情緒的認知成分和生物成分會存在差異，差異的根本原因在於認知成分能夠受到個體意識的控制，而生理成分相對是無意識的，不受個體的控制。

但是，經過特殊訓練的間諜能夠控制一些情緒的生理成分，他們知道如何讓自己不受外界影響。比如，間諜不會在緊張時血壓升高，並始終保持一種表情。

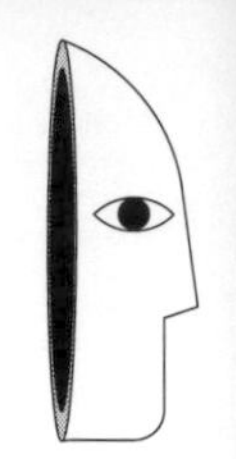

第七章　肢體動作中的心理密碼

在研究完人類表情和心理的關係之後，接下來我們研究一下肢體語言與心理的關係。其實肢體語言相對於表情細節來說，更不容易被隱藏，因此仔細觀察肢體語言所傳達的訊息，會收穫更多真實地想法。人類大部分的想法都不是透過語言表達的，很多時候都需要肢體動作的輔助，所以掌握好肢體動作中的心理密碼，對了解一個人的真實想法很重要。

7.1 最真實的腿部和腳部訊息

南非世界盃期間，如何分辨故意或戰術犯規和無法避免的犯規是比較頭痛的，特別是卡卡那場五分鐘內兩張黃牌最後被紅牌罰下的比賽，讓巴西隊以一人迎戰十一人。從事後的影片回放中能夠明顯看出，對方球員是戰術性地故意讓卡卡犯規，可是從當時場上的情況分析，也只能做出那樣的裁判。

因為確實存在踢或企圖踢或絆摔對方隊員，即在對方身後或身前，伸腿或屈體絆摔或企圖絆摔對方的事實（儘管對方球員實際為假摔）。國際球聯對此有明確的規定，感興趣的可以在別處查詢，此處不作詳述。一個人腳的動作可能與他的思想或目的大相逕庭，腿部和腳部動作能夠反映一些較真實的心理狀態。

快樂腳

快樂腳是指高興時雙腿和雙腳一起擺動或顫動。快樂腳的出現，暗示著一個人得到了他想要的，這讓他很快樂。例如，一次坐火車，車上閒來無事，旁邊的四個青年就打起牌來，其中一局我這邊的青年儘管表情鎮定，沒有表現出竊喜，但腳卻在

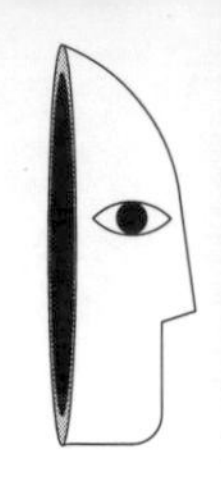

桌子下面樂瘋了，不停地擺動和顫抖，就像一個將要去迪士尼的孩子一樣。原來他抓到了特別好的牌，當然最終他贏了。

快樂腳如實地告訴我們一個人大腦的吶喊：「我好高興啊，我得到了想要的。」值得提醒的是，通常在臨近下課時學生的腳下動作也特別多，但這時可不是快樂腳，而是不耐煩的訊號，或者可以叫做不耐煩的腳。

轉向腳

我們可以透過身體轉向（通常是轉向自己喜歡的人或感興趣的事）判斷別人是否願意看見我們。一個不錯的例子就是，在回家的路上遇見兩個好朋友在聊天，你走過去跟他們打招呼，一般的禮節他們都會轉身說一聲「你好」，但是你可以觀察他們的腳和軀幹動作，如果他們移動自己的雙腳和軀幹來歡迎你，那麼他們的歡迎應該是全心全意的；否則，表示他們不願意。

雙腳的移向還能表示「離開」的訊號。例如，你跟剛才的兩位朋友在大街上站著聊天聊了一個小時，還沒有結束的意思。這時仔細觀察你朋友的腳，可能從腰部以上的部位看，他們還在堅持跟你聊天，但是腳卻本能地選擇了「逃跑線路」。即雙腳從你這一側移開，可能是這個人約會要遲到了，不得不走；也可能是這個人不想再聽下去或待下去了。

總之，轉向腳是一個人想要離開的訊號。除了轉向腳表示離開，抱緊膝蓋同樣也表明一個人想要離開當前位置的意圖。

叉開的雙腿

南非世界盃賽場上，你是否還記得梅西那個明顯的圓規站姿（雙腿叉開，猶如支開的圓規），這其實是最明顯、最容易被認出的「捍衛領地」式的行為。很多哺乳動物（包括人）在感到壓力、煩亂或威脅時都會強調自己的領地，執法人員和軍人更是如此，因為他們早已習慣占據統治地位。

有點滑稽的是，當他們想要戰勝對方時，會下意識地盡量將腿叉得比其他人更寬些，以此來獲得更多的領地。另外，當人們陷入對峙狀態時，他們的腿和腳也會叉開，這樣做也不只是為了讓自己站得更穩，更是為了獲得更多的領地。

小的時候，同學在班上吵架，而老師又不在，受欺負的同學收拾書包要回家，這時其他同學的下意識的動作就是站在門口，雙腿叉開，擋住他的去路。要知道，這

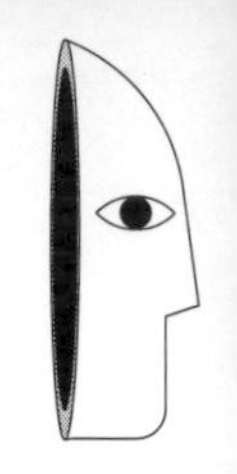

種行為並不是毫無意義的，它能夠引起視覺上和心理上的共鳴，通常可以被當作控制、恐嚇和威脅行為。

從環境心理學角度來講，我們每個人都有擁有自己領地的需求，當有人來冒犯時，我們的邊緣反應會很強烈。記住，雙腳和雙腿是我們身體中最誠實的部分。如果一個人需要更多的空間，我們應該滿足他（她）的需求。如果對方感到很舒適，我們可以不必考慮距離問題。

7.2 洩漏祕密的手勢

手勢中暗含祕密？手勢真的會洩漏祕密嗎？不會吧？其實答案是肯定的。V字手勢始自美國，其實這個V象徵著勝利的意思，是英語中勝利這個單字的首字母。手勢不僅能夠傳遞意思，並且是不能造假的，在美劇《謊言終結者》裡，當女教師被問及是否替學生考試時，嘴上次答的是「沒有」，可是手卻用力地拍桌子，以表示氣憤。是的她在說謊，事實上她替學生考試了。

7.2 洩漏祕密的手勢

手勢與說謊

手勢可以傳情達意，心理學研究發現，與說話相比，手勢等肢體語言攜帶了更多的訊息，可以傳遞更為豐富和精準的情緒。有些人喜歡一邊說話一邊用手勢幫忙反映情緒。

手勢能很好地幫助我們傳遞這些能量。生活中，慷慨激昂時我們會揮舞手臂，義憤填膺時我們會攥緊拳頭。研究認為，當有某種情緒時，身體的交感與副交感神經系統都會發生變化，引發腎上腺素等激素水準發生相應變化，從而引起軀體產生細微的、不自主的運動，而手勢便是不由自主運動的結果。

手勢幫助言語表達的同時，也是很難掩飾、很難造假的。與口頭語言相比，手勢等各種肢體語言很難造假，即使你極力掩飾，它們仍會悄悄地洩漏你的內心。

因此，經驗豐富的研究者可以透過類似啞劇的手語發現「說話者」的真實意圖。如果是真的生氣，大吼大叫和用力拍桌子應該是同時發生的，倘若一先一後，就有可能是在偽裝。手的觸摸動作是最值得懷疑的說謊或者對所說出的話沒信心的訊號，如不自覺地觸摸脖子、項鍊、領帶等。

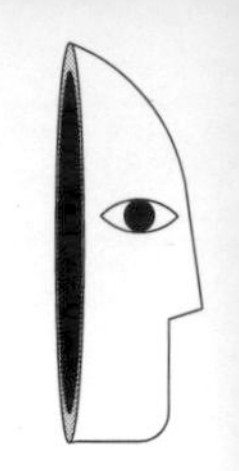

在美劇《謊言終結者》一集中，萊特曼跟同事出去買午餐，這時萊特曼問賣漢堡的人，「你洗手了嗎？」那個人先是一愣，然後說「洗了。」可是他正在抓菜的手卻不自覺地伸向了脖子。萊特曼發現了這個說謊的訊號，接著問「你今天上廁所了嗎？」賣漢堡的人再次回答「哦，去了。」，而手卻再一次摸向脖子。搞怪的萊特曼衝著人群喊：「誰想嘗嘗帶大便的漢堡！」所有些人都驚愕了……

手不自覺的觸摸是一種安慰行為，它會洩漏很多祕密，就是告訴別人你的不自在，或者對別人所說的事情產生了某種消極反應。安慰行為的類型很多如在我們感到有壓力時通常會輕輕按摩一下頸部、摸一摸臉或玩弄一下頭髮。這些動作完全是自發的。我們的大腦發出了訊息：「現在請安慰一下我吧。」於是我們的手就會立即採取行動，幫助我們放鬆。一般來說，男性多喜歡觸摸臉部，而女性多喜歡觸摸頸部、衣服、珠寶、手臂和頭髮。

感到不安、不適、恐懼或憂慮時，人們會用手掩蓋頸窩，摩擦前額通常表明一個人舉棋不定，或者感到某種不適。

手勢與地域

不同的手勢有著不同的意義，而且在不同的國家，相同的手勢都可能有著不同的意義。

在臺灣，邊說話邊向上伸大拇指，表示誇獎和讚許，意味著「好」、「妙」、「了不起」、「最佳」、「頂呱呱」。在尼日，表示對來自遠方的友人的問候。在日本，這一手勢表示「男人」、「您的父親」。在韓國，表示「父親」、「部長」和「隊長」。在美國、印度、法國，橫向伸出大拇指表示要搭車。在澳大利亞，豎大拇指則是一個粗野的動作。

在臺灣，向下伸大拇指意味著「向下」、「下面」。在英國、美國、菲律賓，表示「不能接受」、「不同意」之義。墨西哥人、法國人則用這一手勢來表示「沒用」、「死了」或「運氣差」。在泰國、緬甸、菲律賓、馬來西亞、印度尼西亞，拇指向下表示「失敗」。在澳大利亞，使用這一手勢表示譏笑和嘲諷。在突尼斯，向下伸出大拇指，表示「倒水」和「停止」。

在臺灣，向上伸食指表示數字「1」。在美國，表示讓對方稍等。在法國，表示

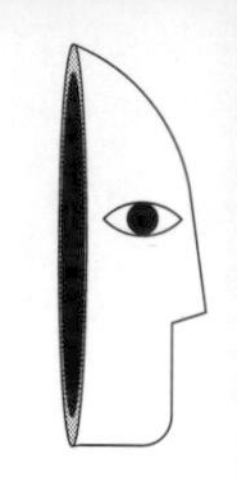

舉手回答問題。在新加坡，談話時伸出食指，表示所談的事最重要。在緬甸，表示請求別人幫忙或拜託某人某事。而在中東，用食指指東西是不禮貌的。

7.3 坐姿中的祕密

在本節將介紹標準的坐姿、坐姿的心理祕密以及坐姿與讀書，其中標準的坐姿對於讀書的受益、內容的理解都有著非常重要的價值。研究發現，在聽報告時，如果坐姿前傾，手握筆，腰靠在椅子背上，雙臂交與胸前就會獲得更多的報告知識，也能夠對報告提出更加客觀、準確的意見。

標準的坐姿

古語說得好，「坐如鐘，站如松。」標準的坐姿對於求職或者見陌生人時有很大的價值，可以給對方留下良好的第一印象和很好的修養。正確而優雅的坐姿是一種文明行為，它既能體現一個人的形態美，又能體現一個人的行為美。坐姿如果不正確，除了看起來沒精神外，也容易腰酸背痛，甚至影響脊椎、壓迫神經。

正確的坐姿，要求入座要輕而穩，女士著裙裝時要先輕攏裙襬（防走光），而後入座，椅子不能坐滿，大概坐到位置的三分之二處；雙膝靠攏，面帶笑容，雙目平視，嘴唇微閉，微收下顎；背要挺直雙肩平正放鬆，兩臂自然彎曲放在膝上，也可放在椅子或沙發扶手上；時時保持上半身挺直的姿勢，也就是頸、胸、腰都要保持平直。

坐姿識心理

（1）深坐與淺坐。一般而言，如果一個人舒服、輕鬆地穩坐在椅子上，同時還伸出腳，很悠閒的樣子，那麼這個人肯定不會立刻站起，因為他多半是處在比較舒服、比較信任的環境中。然而，如果在椅子上淺坐，可能是源於緊張或出於焦慮不安，並且是一種逃跑、戰鬥的準備狀態，是一種要採取行動的緊急狀態。

（2）由人類的坐姿而表現出來的深層心理現象。有些男人一坐下來就會翹起二郎腿，據說這種人深沉、不服輸；而對於女性而言，坐下便翹起二郎腿，除了表示深沉、不服輸外，還表現出她對自己的容貌或服飾相當自信。

這種類型的女性有強烈的控制和支配別人的欲望，自尊心很強。她們善於與異性

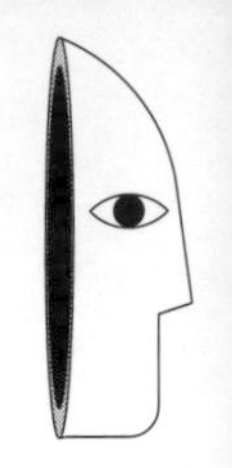

溝通、交流。研究發現，那些在政界和商界很成功的女性，其實是把女性特徵降到最低點，剪短頭髮、穿西裝，當然還包括現在這個翹二郎腿。也許是當女性特徵降低，縮短了與男性特徵的差距時，才更有利於她們在與男性為主的社會活動中占據有利地位。

（3）有些人，坐下後會張開兩腿，有點像個懶散者。不過這樣的姿勢多是比較胖的人，由於腿部的肉過多，行走不方便，這種類型的人一般說得比較多，而做得卻相對要少。因此，他們的理想非常豐滿，有時他們的豪言壯語也讓人覺得信賴和可靠。

坐姿與讀書

坐著看書時，腳尖豎起，同時眼睛不斷向上翻的人，肯定是個急性子，通常無法平心靜氣地看書。駝著背看書的人，大多是高齡者，這種風貌是藉著領取退休金頤養天年的作風，看書的人看書不是為了獲得知識，而是一種消遣或者打發時間的方式。

用手撐著下巴且姿勢不良的人，理解力及記憶力都不好，而一個真正求學的人，是不應該用這種不良姿態讀書的。例如，將腳伸出桌底，並經常用手撫弄桌角，缺少刻苦的精神，難成大事。

7.4 走姿中包含的深意

一個人走路的基本姿勢，從蹣跚學步開始就已經基本確定了，與這個人的性格和心理狀態有著密切的連繫。透過觀察一個人獨特的走路姿勢，可以窺探到這個人獨特的性格特點或心理狀態。每個人獨特的走姿都是形象的肢體語言，如果我們掌握了走姿這門肢體語言，那麼就能很容易地從中獲得所需要的訊息。

首先，我們可以從最典型的走姿的身形上分析，走姿可以分為上身微傾型、昂首闊步型、步履整齊型、搖搖晃晃型和四處觀望型。

（1）上身微前傾。這樣的人看似性子有點急，其實他們的內心很平和，謙虛而含蓄，不善於言談，更不會花言巧語；表面上看是那種暴躁、急躁的人，其實他們很重感情，特別是很講義氣，是那種絕對仗義的人。

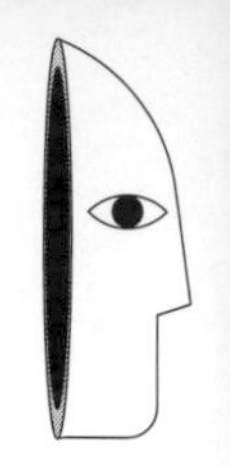

（2）昂首闊步型。這樣的人走路的姿勢很有特點，脖子挺直，頭高高揚起，像一隻美麗的丹頂鶴而且他們的性格特點也特別像丹頂鶴。做事往往以自我為中心，甚至有點自戀，愛照鏡子，經常對著鏡子欣賞自己的美麗與帥氣。

他們做起事來確實是有條不紊，善始善終。可能是他們把欣賞的精力都集中在自我身上，所以人際交往比較淡漠，人緣也不太好。當然這也可能是他們的個性使然，個性決定了他們凡事只願意靠自己，不依賴他人。

（3）步履整齊型。這樣的人就像軍人一樣，走路穩健，並且胳臂擺動很規律。一看就是那種組織紀律性很強的人，他們自我約束能力特別強，並且在要求自我的同時，還要求他人（如家人），而且幾乎是說一不二的人。

不過這種走姿暗示了一個缺點，就是做決定時比較主觀，很固執。這類人對生命及信念固執專注，認定的事情不易為人所動，甚至有點武斷獨裁。

（4）搖搖晃晃型。這種走姿在女士中很常見，特別是在韓劇中。那柔軟的腰身，婀娜多姿，但這絕不是生性放蕩的表現，相反，這樣的女子往往為人心地善良，坦誠熱情，容易相處，對朋友情義很看重。在社交場合中，她們頗受歡迎，永遠是中心人物。

與女子相反，如果男士出現這種女士走姿，難免會被很多人戲稱為「娘娘腔」，這樣的男人裝腔作勢，沒有責任感，狹隘奸詐，善於諂媚，是標準的小人形象。

（5）四處觀望型。這樣的走姿經常出現在那些鬼鬼祟祟的間諜身上。這種人行走時左觀右望，給人一種做賊心虛的感覺。這種人胸無大志，愛貪小便宜，人緣不佳，比較喜歡獨居生活；工作時前怕狼後怕虎，性情比較孤僻，不太善於和人交談，與人相處時也欠缺協調意識，因此常常鬧出笑話，影響工作效率。

其次，從走路的速度和走路方式可以分為下面幾個類型。

（1）平穩型。這種人走路平穩，暗示著溫文爾雅、慢條斯理的性格，這種人性格和步伐一樣，做事講求一個「穩」字，他們注重現實，精明穩健，凡事三思而行，從不好高騖遠。他們不輕信人言，也不輕易答應他人，重視信義和承諾，絕對不會做對不起朋友的事，是可以信賴的人。

（2）步伐急促型。這種人走路就像衝鋒一樣，性格比較急躁，做事認真負責，行動很有效率，是一個典型的工作好手；說話坦白，喜交談，重情義，而且精力充沛，喜愛面對各種挑戰。

（3）腳步輕快型。這種人走路腳步輕快，一副悠閒自得的樣子。老年人走出這種姿

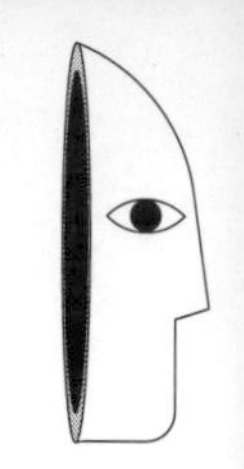

態，通常暗示著身體健朗，精力充沛，充滿活力。

（4）斯文書生型。煞有過去教書先生的斯文之態，雙手自然擺動，不忸怩作態。這樣的人膽小、缺乏遠大理想，但是遇事沉著冷靜，不輕易發怒。

（5）舉步緩慢躊躇型。這種人有點像邊走邊思考的樣子，為人謹小慎微，逢事顧慮重重，有點杞人憂天。

此外，從一個人突然的走姿變化也能看出這個人的心理狀態。如果突然腳步加快，還有些踉蹌，顯示著內心焦躁；如果突然舉步躊躇，意味著被為難事所困；如果大病初癒後腳步輕快，暗示病情已經好轉；如果四處觀望，意味著他在等待著什麼不確定的事物或人，或者是有些心虛；如果女士表現出搖曳嫵媚的走姿，則是一種撒嬌的表現。

7.5 站姿中的玄機

一個普通的站立姿勢應該是抬頭正首，雙目平視前方，嘴唇微閉，面帶微笑，自然平和；雙肩放鬆，稍往下壓，使人體有向上的感覺；軀幹挺直，身體重心應在兩

7.5 站姿中的玄機

腿的中央，做到挺胸、收腹、立腰；雙臂自然下垂於身體兩側，或放在身體前後；雙腿直立，保持身體的端正。可一般人都有自己習慣的站立姿勢，也正是因為這樣，不同的站姿就可以顯示出一個人的性格特徵。

（1）站立時習慣把雙手插入褲袋的人。這類人不是在裝酷，而是一種警覺性的體現，城府較深，不輕易向人表露內心的情緒；性格傾向於保守、內向；凡事步步為營，不肯輕信別人。

（2）站立時常把雙手置於臀部的人。這類人自我意識很強，對自己認定的事情絕對不會輕易改變，處事小心謹慎，絕對不會有馬虎之舉，並且他們有很好的領導能力，處事認真不輕率，具有駕馭一切的魅力。他們最大的缺點是主觀，性格固執、頑固，如果克服了這些毛病，就是一個很好的領導者。

（3）站立時喜歡把雙手疊放於胸前的人。這類人性格堅強，不屈不撓，不輕易向困境壓力低頭。對於他們來說幾乎就沒有邁不過去的坎，即便遭受很大的打擊，也能迅速振作起來。但是，由於過分重視個人利益，與人交往時經常擺出一副自我保護的防範姿態，拒人於千里之外，令人難以接近。

（4）站立時將雙手相握置於背後的人。這類人奉公守法，尊重權威，極富責任感，

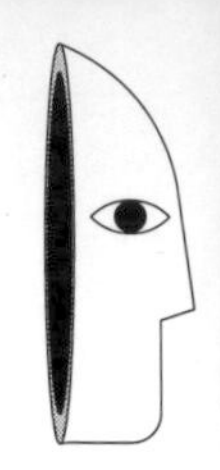

對工作認真負責，絕對不允許下屬有欺詐隱瞞行為。他們極富耐心，而且能接受新觀點和新思想，然而他們一般情緒波動比較大，說風就是雨，給人一種難以捉摸的感覺。

（5）站立時習慣把一隻手插入褲袋，另一隻手放在身旁的人。這類人性格複雜多變，情緒不穩定，對待朋友依自己的性情而定，有時會推心置腹的相談，有時卻冷若冰霜，讓人難以接近。對待陌生人更是處處提防，為自己築起一道防護牆。

（6）站立時雙手相握置於胸前的人。這類人成竹在胸，對自己的所作所為充滿成功感，雖然不至於睥睨一切，但卻躊躇滿志，信心十足。

（7）站立時雙腳合併，雙手垂置身旁的人。這類人誠實可靠、循規蹈矩，而且生性堅毅，不會向任何困難屈服低頭，但是比較保守、傳統，甚至有些古板，一般都墨守成規，不會有太大的突破，對新鮮事物的接受理解能力也比較欠缺。

（8）站立時不能靜立，不斷改變站立姿態的人。這是一個行動主義者，他們性格急躁，身心經常處於緊張的狀態，而且不斷改變自己的思想觀念。在生活方面喜歡接受新的挑戰。

7.6 睡姿所反映的內心世界

睡姿可以分為仰臥、俯臥和側臥三個主型（主要類型），每個主型還可以具體劃分為多種的類型，且每個睡姿都包含著一些心理狀態，下面簡要介紹每個睡姿的內心世界。

仰臥

仰臥就是所謂的王者睡姿，臉部和肚子向上。仰式睡姿的人，一般而言比較自信，占有慾強，精神上也很獨立。仰臥還包括四肢呈大字型、雙臂枕在腦後型和蹺二郎腿型。

（1）四肢呈大字型。這種姿勢睡覺確實舒服、自由，差不多一個人就能占據整張床。這種睡姿展現了自由、熱情的內心世界。這類人一般都有真誠的個性，朋友、家人與其相處時都非常地舒服，常是令人崇拜的偶像。不過，這種類型的人可能有些缺點，一是花錢無度，二是喜歡說長道短，儘管他並不是惡意地說，但是卻會給別人造成一些煩惱。

（2）雙臂枕在後腦型。這種姿勢絕對是一種美的享受，想想在海邊的帳篷旁仰臥著，將手枕在後腦勺當枕頭，欣賞著夜幕下的海邊夜空，多美的一幅畫卷。採用這種睡姿的人一般都擁有高度的智慧和熱誠的求知欲。他們有許多稀奇古怪的想法，很浪漫，但也有比較荒誕的想法，讓人很難理解。這樣的人與家人關係特別好，很會照顧人，而且一旦他們愛上一個人就會照顧得特別好。

（3）翹二郎腿型。雙腿交叉睡姿的人通常都是自戀狂，習慣於生活在固有的模式中，喜歡獨處，獨自看書、看電影等，並很享受那份安寧。不過生活中，他們通常認為自己比較聰明、比較出色、比較特別，喜歡我行我素。自戀的人不太受歡迎，人際關係也會有問題。簡單地說，自戀的人迷戀自己的時間都嫌不夠，哪能抽出時間來照顧另一半啊？

俯臥

俯臥就是趴著睡，肚子朝下。老人一般認為這種睡姿會壓迫心臟器官，只有肚子痛或者腹部不舒服時才會採取這種睡姿，而對於女性而言俯臥易使胸部受壓，影響呼吸，特別是發育中的青少年女性，這一姿勢還會影響她們的胸廓和乳房發育。

假如一個人一整晚都趴著睡，那麼這個人很可能心胸狹窄，並且相當地以自我為中心。他可能一直強迫別人適應自己的需求，認為他所要的就是別人想要的，根本不在乎別人怎麼想，有怎樣的感覺。無論是從睡眠的健康角度還是從睡姿所反映的心理角度，我們都應該放棄或盡量避免這種睡姿。

側臥

側臥可以分為側身蜷縮著身體睡、枕著習慣的臂膀和側身彎曲膝蓋睡。

（1）側身蜷縮著身體睡。像胎兒一樣的睡姿，臉部隱藏起來，身體縮成一團，與胎兒在母親子宮內的姿勢一致，胎兒在母體中時，這種蜷縮的姿勢最適合其成長發育，是最安全的姿勢。不過成年人仍保持這種睡姿，卻暗示著不安全感，由於安全感比較低，這樣的人會比較敏感，非常容易發脾氣，因此很容易產生自私、妒忌和報復的心態。周圍人在與其相處時都是小心翼翼的，生怕惹惱了他。

（2）枕著他們習慣的臂膀側睡。一般來說多數人會採用這種睡姿，這種睡姿代表自信，通常這類人肯於努力，相信努力一定會有所成就，堅信努力與回報成正

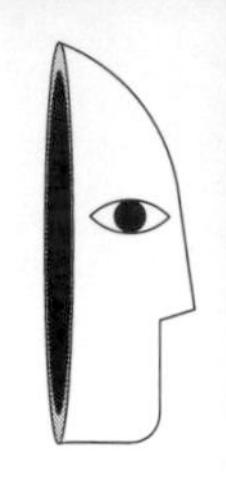

比。因此這些人由於努力不輟，不管做什麼事都會成功。

側身躺在胳臂上。這樣的人多是溫文有禮、誠懇可愛的。做事情多是慢條斯理的，不過這些人在做事情時還是要增加一些信心，堅信自己一定能行，並且多付出些努力，也能取得一些成功。

（3）側身彎曲一膝蓋睡。這種睡姿的人的個性有點傾向於容易大驚小怪而且難以取悅。經常聽見他們發牢騷、抱怨東抱怨西。他們處處小心，甚至叫做緊張兮兮，讓周圍人覺得神經兮兮，長期的神經緊張對身體的激素和免疫系統有損壞，所以建議你「沒什麼大不了，生活其實沒啥了不起，學著去放鬆吧！」

其他睡姿

將棉被從頭蓋到腳的人在公共場合表現得落落大方、非常率直，但在內心深處卻埋藏著害羞與軟弱。他們在遭遇困難時，寧願自己承受痛苦煩惱的煎熬，也不願意開口求人幫忙。

7.7 容易被忽略的軀幹

軀幹包括臀部、腹部、胸部和肩部，軀幹的行為能夠反映出情緒大腦（邊緣大腦）的真相。遇到危險時，我們的大腦會調集所有的器官來保護，因此一旦外界出現危險，軀幹也會隨即變化。

舉個簡單的例子，在電影中經常會看到一位憤怒的父親，剛要舉起巴掌打犯錯的孩子，孩子就會出於本能的反應揚起手臂保護臉。但是，還有許多軀幹的變化不像揚起手臂那麼明顯，它們是很微妙的，也比較難發現。

軀幹傾向喜好

當一個人站在一個令人討厭的或自己不喜歡的人旁邊時，他的軀幹會傾向於遠離這個人的一側。如果你正在跟自己追求的女孩愉快地聊天，這時另一個追求者也加入談話，你的軀幹會不自覺地轉向你喜歡的女孩。

例如，情感上產生距離的夫婦，他們的身體接觸也會隨之減少。他們很少牽手，軀幹也盡量避免接觸。並肩坐著的時候，也會將身體傾離對方，在彼此之間搭建了

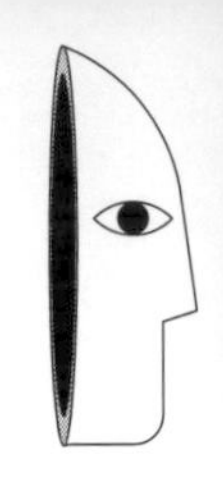

一個沉默的空間。即使當他們不得不坐在一起時，如坐在汽車後座上時，也只會將頭轉向對方，而不會將身體轉向對方。

人們會將軀幹轉離令自己不舒適的人或令人厭惡的事物。一個特別有意思的例子是，在坐公車或者捷運時，可以仔細觀察，人們在公車上會不停地轉動身體，彷彿是在捍衛自己的領地。特別是當上來一個全身髒兮兮的人時，這個人會將身體軀幹傾向一側，盡可能地不與這些人接觸，甚至身體轉向另一個感覺相對舒適的人，以保持與那個髒兮兮的人的距離。

另外，軀幹在感覺到危險時也會轉向，只是這時是轉向相反的方向，相當於躲避訊號，這類似於自動的條件反射。比如，當你路過足球場時，一個球飛快地從你的右前方飛來，而軀體本能的反應是將身體轉向左側，以躲避足球。

腹側否決和腹側前置

腹側否決是指當某種關係中的一方感到不順利時，他或她很可能拉長二者的腹部距離。如果兩個人的關係越來越緊密，你會發現腹側前置，即二者的腹部距離拉近。

一個很明顯的例子就是，一對戀人在咖啡廳喝咖啡聊天，說著說著，其中一人的某句話惹對方不快，因此對方微微地向後靠了靠，腹側位置後退，兩個人的腹側距離也拉長了，這表示「我和你的意見不同」或者我不高興了。如果這對戀人中的一人講了一件令對方高興的事，比如一方的父母邀請他們到家中吃飯，這時就會發現二人的腹側距離拉近，這表示接受。

抱臂或者抱著枕頭談話

軀幹會顯示對機體的保護，腹側否決——遠離自己不喜歡的人或物，腹側前置——傾向喜歡的人或事。但現實情況不允許軀幹保護時，個體會透過其他形式構築一道屏障。比如，在警方調查案件時，被調查對象是一名年輕男子和他的父親。他們進偵訊室後坐在沙發上，年輕人順手抓起一個沙發靠枕，並在隨後近三個小時的審訊中不時將靠枕抱於胸前。

這道壁壘只是一個靠枕，但是它的作用還是不容小覷的，當話題比較中性或者與案件無關時，他會將靠枕放在一邊，但是當談到案件時，他會重新拿回靠枕並死死地將其按於胸前。最後審訊沒有取得任何進展。

有人會說，交叉雙臂可能只是因為冷而已。其實這個問題是這樣的，當個體感到

不適或者危險時，會自發地做出逃跑、戰鬥的準備，也就是血液會被輸送到四肢的大塊肌肉中，而身體表面就會感到寒冷。

軀體可以向我們透露一些真情實感，與各種善於欺騙的表情不一樣，它們能夠提供可靠的非語言線索，讓我們準確地了解自己及周圍人的思想、感覺或意圖。

7.7 容易被忽略的軀幹

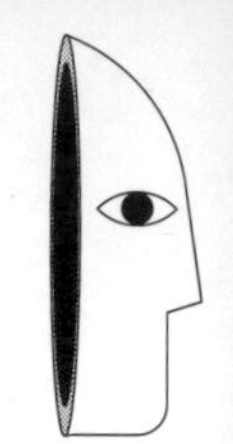

第八章　差異化是行為心理的基礎

一個人如果突然有非常反常的舉動或者表情，那麼多數情況下代表他有了異常的心理，這一原則也是我們對日常心理判斷的基本依據。很多出軌丈夫就是基於此被抓到的，其中關鍵在於「差異化」這一點，因此把握這個技巧的前提就是平時多注意他們的日常行為。

8.1 觀察和分析每個人的表情和行為

如果想識別某個人的一些異常的心理訊號，就要仔細觀察這個人一般的、經常的情緒狀態和行為方式。你對某個人越了解，或是和他（她）互動得越多，就越容易發現那些異常的或者叫做反常的情緒或者行為訊息。

美劇《謊言終結者》萊特曼在調查嫌疑人時，都會先跟嫌疑人聊一會兒與案件沒什麼關係的話題，與此同時他的同事對這些常態表情和行為進行記錄，然後萊特曼再問一些與案件有關的問題，透過對比二者的不同來對嫌疑人和事件進行分析。

還記得有一個殺人狂，他雖然入獄，但是社會上還有一個模仿他的手段進行殺人的罪犯。為了找到這個模仿犯，萊特曼不得不提審獄中這個被模仿者，可是這個被模仿者極其聰明，並且能夠控制自己所有的生理指標不會發生變化。

因為沒有辦法獲得該犯人的基線情緒和行為，就更沒有辦法分析其對高壓問題的反應與對普通問題反應的差別。最後還是萊特曼技高一籌，透過挑撥獄中這個犯人與其模仿犯（稱為學徒）的關係，打破了他們的師徒關係，最終獲得了被模仿者的常

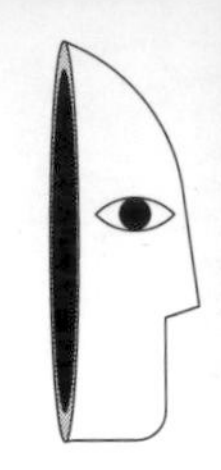

態情緒和行為，找到了基線，最終也成功地找到那個模仿犯。

常態的表情和行為不僅能幫助破案，而且還能幫助普通人察覺異常。因此，即使只是一次與某人的偶然相遇，你也該試著留意他或她在最初交流時的基線行為。

最簡單的，家裡的孩子突然在考試前有撓頭或咬嘴唇的舉動，並且表情很是焦躁不安，但是他平時都是很快樂的，而且總會高興地跟家人打招呼。從這些行為中你很容易就知道他可能十分緊張或沒有準備充分。這些經常的表情和行為稱為基線表情和基線行為。

只有認真地觀察和記錄經常性的基線表情和行為，才能有利於發現異常情緒和行為。沒有基線情緒和行為，就好像突然發洪水了，可你卻一直都不知道水庫原來的水位是多少，所以你也沒辦法預知洪水到什麼程度就是超警戒水位，更不知道什麼時候會決堤。

對於個人而言，沒有找到基線的人就像那些直到孩子生病才知道檢查孩子喉嚨的父母，當他們帶著孩子去見醫生時，試圖竭力向醫生描述自己所看到的情況，但是由於沒有參照物（因為他們沒有觀察過孩子健康時喉嚨的樣子），他們的描述總是派不上用場。要知道，只有多對正常的東西進行觀察，才能認識和區別出不正常的東西。

在分析微表情時，仔細觀察和分析常態表情有著重要的價值，因為從中可以分辨出他們的「正常表情」和「重壓下表情」的不同之處。因此，了解一個人的基線行為很重要，掌握了它，你便能知道對方什麼時候會背離常態以及這種背離的重要性和其中蘊涵的訊息。

對於我們普通人而言，為了理解那些經常與我們互動的人的基線行為，必須注意觀察他們的常態，包括坐姿，手和腳放置的位置，姿勢及高興時的面部表情，悲傷時的表情，恐懼時的表情，生氣時頭的傾斜度等。

8.2 反常表情和行為代表什麼

一男子若無其事地走進銀行，看不出與正常到銀行辦理業務的人有什麼差別。接著該名男子沒有排隊，而是直接走到出納口，這時他鼻孔擴大了（鼻翼膨脹），這

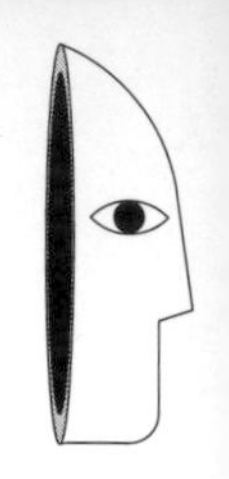

表明他在深吸氧氣並準備採取行動，他的眼睛直直地盯著出納口，臉上顯出幾分焦躁，眼神中透著慌張和不確定，面部肌肉緗緊，這時他突然掏出了自製的槍大喊：「搶劫！」你猜對了，這就是一個搶匪的面部表情分析。

某家長一如既往地去參加孩子的家長會，按照每年的規矩，他都要站在正等候向大家問好的兒子的旁邊。一開始孩子還是大方地給每位家長問好，但是當輪到哈里叔叔時卻呆住了，一動也不動。他推了一下呆住的孩子，可是孩子還是沒有反應。以前孩子跟哈里叔叔關係特別好，一見面就會高興地抱抱，這次怎麼了？

孩子這種背離自己基線行為的表現，預示著將有不好的事情發生，可能是簡單的意見不合或者偶爾的彆扭。一個人基線行為的變化總能說明某些地方肯定出了差錯，需要特別注意。

注意反常表情和行為

一個人的反常表情會告訴我們這個人思想、情感、興趣和意圖。下面仔細分析一下銀行搶匪的表情。

8.2　反常表情和行為代表什麼

首先某一男子若無其事地走進銀行，從他的表情上，看不出與正常到銀行辦理業務的人有什麼差別，將此時的表情作為基線。

接著該名男子沒有排隊，直接到了出納口，這時你看他的表情（監視器中的）鼻孔擴大了（鼻翼膨脹），這表明他在深吸氧氣並準備採取行動，他的眼睛直直地盯著出納口，臉上顯出幾分焦躁，眼神中透著慌張和不確定，面部肌肉繃緊，這時他突然掏出了自製自制的槍……此時的一系列表情和行為都是反常的。

反常的行為預示著某些地方出現了差錯。例如，一個向來在公眾場合極其自信，行為也很老練的女性，突然不斷整理下裝，盡量使自己的裙子保持一種平滑下垂的狀態，其實這是因為自己大腿變粗而在羞愧地掩蓋。

在求職面試或者考研究所面試過程中，主考官突然不斷做出看手錶、變換坐姿等動作，其實是在暗示：「我很累了，你們已經超出時間了。」在回答考官提出的問題時，考官如果面露微笑或輕輕點頭，說明他贊同你的回答。

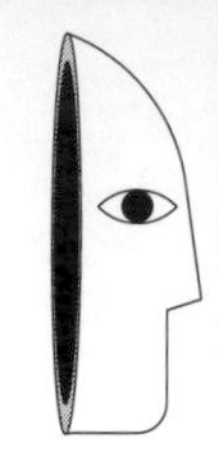

觀察小孩子的反常行為

作為家長最關心的就是孩子的反常情緒和行為了。孩子經常出現的反常情緒就是放學回家不高興，原本的笑臉拉得好長，抱怨發生的某些事情。比如今天好朋友沒理他，或者老師瞪了他一眼。只要家長細心，孩子的反常情緒是很容易發現的。

孩子的反常行為還包括打人、咬人、插話、撒謊。但是，孩子的反常行為一定都是有原因的。如果孩子出現打人、咬人的情形，說明孩子對小朋友的安全感建立得不好，他覺得受到威脅，所以要主動進攻。

孩子隨便插話，可能是孩子對講話中的部分內容感到好奇，或者是孩子曾經聽說過，有點似懂非懂，想迫不及待地表述自己的觀點；孩子撒謊，可能是想表達自己心裡真實的希望或者是想要引起別人的關注，但是也有一種是欺騙性的撒謊。孩子哭，可能想讓父母安慰自己、同情自己等，或者是身體不舒服，讓父母關注自己，也有可能是受了委屈，還有一種可能是面對想要的某些東西又得不到時的「工具性」哭泣。

分析出軌的反常情緒和行為

（1）手機不離手。很多人出軌的症狀就是怕手機中曖昧的簡訊或者電話被發現。

（2）避免與另一半身體接觸，懶得說話。兩人下班回來，吃過晚飯，一向活潑的妻子忽然變得沉默寡言，一副愛理不理的態度。看電視時，丈夫摟了摟妻子，可是妻子卻說了句「我今天好累，先睡了。」再想來個擁抱時，她又輕輕推開。出軌的人通常都厭倦了對方。

（3）愛打扮了，照鏡子次數增加。出軌的人喜歡打扮自己，就像起初他或她愛打扮給對方看一樣。都說戀愛讓人更美麗，因為有了約會就會更在意自己的形象，女為悅己者容嘛，只是此時看的對象變了。

（4）突然顯得更加恩愛。要是發現你的老公回家了，原來不做飯不買禮物，但最近總給你買各種禮物，又變得特別體貼，這時就要小心了。因為這時的他不是剛出軌，就是第三者剛剛跑，總之是對你有愧，怕你發現異常，所以就用物質和甜言蜜語麻痺你。

（5）討論第三者話題時，從不評論。看到小三題材的電視劇立刻轉臺，或者你想和他就小三的話題討論幾句時，他心虛地轉臺或者退避三舍拒絕討論。

8.3 投石問路的技巧

投石問路原意是指夜間潛入某處前，先投以石子，看看有無反應，藉以探測情況。後用以比喻進行試探。

民間有這樣一個故事，一日，有一個走江湖的相士忽蒙被縣官召見。見面時縣官對他說：「坐在身旁的三人當中，一位是我的夫人，其餘是她的婢女。你若能指認哪一位是夫人，就可免你無罪。否則，你再在本縣擺相命攤，我必將懲處你！」三位女子衣飾髮型一致、年齡相仿而且都面無表情。

這個江湖相士將三位女子打量一眼後說：「這太簡單了，我徒弟都辦得到！」他的徒弟應師父之命，上看下看，左看右看，看了半天，一臉迷惘地對師傅說：「哎呀師父，你真是沒有教過我這個技術啊？」相士一巴掌拍在徒弟的腦袋上（模樣頗為滑稽），同時順手一指其中一位女子說：「這位就是夫人！」在場之人全部傻住了，因為所指之人正是夫人。

其實是因為師徒二人的滑稽相，引起兩個丫鬟忍不住掩口而笑，而那位依然端坐，面無表情的女子當然是見過世面又有教養的夫人。

曾有新聞報導了小偷使用投石問路的辦法進行偷竊的事件。小偷走在行人的身旁，用手拍拍行人身上的包，藉機摸摸裡面是否裝有物品，一旦被發現時就假裝成問路人；如果沒有被發現，並且包裡確實有想偷的東西，就伺機竊取。

如何才能恰當地投石問路呢？下面教你幾招吧。

投石問路要問對問題

第二次世界大戰之後，一個年輕人給遠在俄亥俄州的父母寫信，說自己從戰場上下來了，準備回家了，而且他回家還要帶上一位非常好的朋友，這位朋友跟他一起從戰場上下來，可惜的是這位朋友沒有家人了，所以他想把他帶回家一起生活。但是，這位朋友只有一條腿，一隻眼睛，因此生活不能自理。他問父母是否願意接受這位朋友。

然而父母的回答是不願意，他們只歡迎自己的兒子回家，因為那位朋友會帶來不便。結果他們的兒子沒有回家，而是跳樓自殺了。

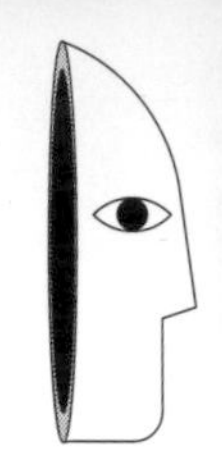

其實這個青年就是用了投石問路的辦法，因為他已經預料到這樣的人會為年邁的父母加重負擔，所以試探父母能否接受一個只有一條腿，一隻眼睛的兒子回來。可惜渴望兒子凱旋的二老沒有預料到兒子會使用投石問路的策略，因而失去了兒子。

巧識騙子投石問題的詭計

有網友爆料說，接到一通奇怪的電話，自稱是市場調查公司的調查員，要調查一下某產品使用和預期的幾個問題。

自稱調查員的人先是問了工作性質、年齡，網友都一一回答了。但是，後面她說的「下面的問題涉及私人方面，你只要回答是或者不是」讓我有點一頭霧水。她問我「家裡有沒有人在做市場行銷？有沒有在廣告公司工作的？」我都說沒有。

接著問「有沒有人在新聞媒體工作？」因為我男友在報社工作，我就如實說「有」，她就問「是家人還是朋友，是不是經常住在一起？」我說是我男友，她一聽就說「抱歉，下面的問題就不能繼續調查了，因為不能涉及新聞媒體。」

這很可能就是騙子的新「招數」，先是投石問路，摸清楚接電話的人家裡是否有在媒體或者對新聞曝光比較敏感的家庭成員，如果沒有，進一步實施下一步騙局，如果家庭成員中有媒體或者廣告公司上班的，這樣的家庭成員以及家庭都會對有獎銷售、有獎調查等騙局很了解或者有很高的警惕性。這樣的家庭上當的可能性比較小，所以騙子就把電話掛掉了。

8.4 非常的行為背後必然有非常的祕密

在這節我們繼續講述一些鮮為人知的行為，提示您這些行為背後隱藏的非常祕密。

鞠躬幅度與含義

在日本，彎腰動作的含義是奉承、尊敬或受到表揚（如掌聲）時的一種謙遜。但是，你知道嗎？鞠躬幅度的大小決定了彎腰的含義。表示對別人，特別是長輩的尊重和敬意時幅度小些，而阿諛奉承或地位卑微時多是自動鞠躬，幅度也較大些。

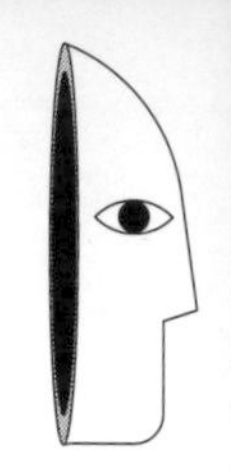

露手臂、挽袖子，準備戰鬥

露手臂、挽袖子或者脫掉衣服是準備打架的行為。當你和別人發生爭吵時，如果對方突然摘掉了帽子或脫掉了襯衫，你就要小心了。

幾年前的一天，我的兩個鄰居因為一點小事（一個人將水噴在了另外一個人新打過蠟的車上）起了爭執。爭吵愈演愈烈，其中一個人突然解開了上衣的扣子。於是我知道，拳頭很快就要揮出去了。

果不其然，上衣脫掉後，他們開始用胸撞擊對方，緊隨其後的是用拳頭互打。這有點令人難以置信，兩個成熟的男人竟然會為車上的一點水漬打得不可開交。其中最值得我們關注的就是他們大猩猩般的撞胸動作。

大口喘粗氣，胸膛起伏加快

當看到一個人大口喘粗氣，伴隨著胸膛起伏或擴展收縮都會較快時，就可以猜測他可能正在承受巨大的壓力。這是因為當大腦的邊緣系統被激發後，它會集中精力做好逃跑或戰鬥的準備，此時身體靠深呼吸或大口喘息來吸入更多的氧氣。也可以說，受到壓力的人胸膛會大幅度起伏，是因為大腦中的邊緣大腦下達了「加快氧氣吸收，做好逃走或戰鬥準備！」的命令。

聳肩

聳肩絕對是一個蘊涵著豐富含義的動作。當老闆向員工提出這樣的問題：「你聽到客戶的抱怨嗎？」員工可能會回答說「沒有」，然後聳聳他的半個肩，這樣的動作說明這個人沒說實話。因為如果他是誠實的，他的雙肩聳動應該是敏銳的、向上的且雙肩動作應該是一致的。當人們對自己說的話確信無疑時，他們會大幅度地向上聳雙肩（聳得很高）。

摸鼻子

男人的鼻子裡有海綿組織，當他想隱瞞什麼時，鼻子就會開始癢，此時他們就會下意識地摸鼻子。

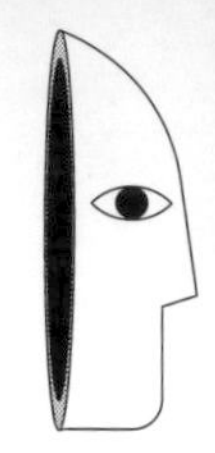

交叉雙臂

美國研究者曾設計了這樣一個實驗，測試環抱雙臂這一動作對聽講座效果的影響。研究者請一些志願者參加了一系列的講座，但是要求每位參與者都要按照研究人員要求的姿勢聽講座，其中一組志願者保持雙腿和雙臂的自然狀態，不翹二郎腿，也不將雙臂環抱於胸前，盡量以一種放鬆的姿勢聆聽講座。

另一組志願者必須翹起二郎腿，同時將雙臂交叉緊緊抱於胸前。兩組志願者聽的是同樣內容的講座，講座結束之後，研究人員記錄了每位志願者對講座內容的掌握程度及其對此次講座的觀點和看法。

結果顯示，坐姿放鬆的志願者比抱臂的志願者掌握的講座內容要多百分之三十八。並且抱臂的志願者對於講座及其講座內容的觀點更加苛刻、挑剔。

相應的，如果你的聽眾雙臂始終是交叉抱臂的姿勢，說明講座的內容或者觀點並沒有獲得觀眾的贊同。當一個人不願接受他人意見時，他很可能會將雙臂交叉緊緊抱於胸前。也就是說，當觀眾將雙臂交叉抱於胸前時，意味著講座的效果大大降低，觀眾已經把注意力都轉移到其他事物上了。

8.5 發怒的心態反映了一個人的真實想法

發怒，俗稱「發火」，是人對客觀發生的事情抱有的不滿心態。發怒時由於目的和願望都沒有達到，或者達到目的的行為被一再阻礙產生的。發怒是攻擊性行為的前奏，很多時候，一旦一個人發怒了，下一步就將會出現肢體衝突。

在心理諮商中，有一個很好的描述心理疾病形成過程的故事。故事講述的是一個普通的農夫，他一生勤懇，為人善良，有一天他上山砍柴時，救了一位富家子弟，而這個人正是皇帝。皇帝見他衣衫襤褸，就賜給了他一套非常華麗的衣服，可是他一直不捨得穿。

直到有一天他兒時好友到他家，想要跟他一起去拜訪一些朋友。可是朋友提出自己的衣服不太好看，想向他借一件衣服。於是他把朋友帶到衣櫃前讓朋友自己找合適的。結果朋友一下子就相中了那件御賜的衣服，他雖然口頭應允了，但心裡還是不舒服。心想：「我自己都沒捨得穿呢，穿著肯定很帥，即使他穿上變帥氣，也是因為衣服好看。」

二人一起走在街上，他感覺所有的眼光都會聚在他朋友身上。等到了朋友家，朋友也對穿著御賜的衣服的朋友大加誇獎，這使他很是氣憤，「哼，他是穿了我的衣服才被誇獎的。」

一氣之下，他終於忍不住說：「他穿的是我的衣服。」搞得朋友莫名其妙，也很尷尬。說完之後，他也覺得不太得體，他立刻向朋友道歉，並保證不說了。

從此他自己得了病，也把朋友們都得罪了。其實憤怒表達了這個人最真實的想法，他不想把衣服借給那個朋友穿，而且他覺得朋友根本不帥，完全是因為穿了他的衣服才變得比自己帥的。

有這樣一個真實的故事。小王做了上門女婿，起初並沒覺得怎麼樣，可是隨著自己的孩子慢慢長大，小王的脾氣也暴躁起來。每天回家不是吼孩子不讀書，成績差，就是說妻子這不對，那不好，甚至在公司與同事動手的次數也多了起來。小王這是怎麼了？脾氣怎麼變這麼暴躁呢？

原來這要從小王當了上門女婿開始說起，在小王所在的地方，有著對上門女婿很不好的傳言。一般民眾認為上門女婿都是沒什麼地位的，被人看不起的。這個思想

8.5　發怒的心態反映了一個人的真實想法

在小王心裡滋生。長久下來，他覺得自己在岳父母面前沒地位，還認為妻子瞧不起他，鄰居覺得他不是男人，甚至連孩子也不尊重他。

因此，他特別想被人瞧得起，證明自己是有地位的男人，可是生活和工作中總有很多不順。這樣一來，重樹形象的目的沒有達到，所以他非常憤怒，經常拿孩子、妻子發怒。

從上面小王的故事可以看出，小王發怒的真實背後是想擺脫「想像的」上門女婿的負面評價，想成為一個被認可、被重視的人。一旦這個願望沒有達到，就會出現發怒等情緒失控的行為。發怒這種情緒是有能量的，如果這種能量不能很好地宣洩，很可能損害個體身體；如果發洩不當或者沒有很好地控制，還將給他人帶來損失和傷害。

發怒會損害個體身體的健康，引起高血壓、心臟病、胃潰瘍、精神衰弱等病症。如果把怒氣憋在心裡生悶氣，積怨在胸，敢怒不敢言，從而使怒氣鬱結心頭就更容易導致心理疾病。

發怒其實可以分為兩個類型，一種是指向於個體自身的發怒，這時個體雖然發

怒，但是不容易透過表情、動作、言語表現出來，發怒時的主要表現為酗酒、情緒低落、緘口無言或怒目相待。另一種是指向於個體自身外的發怒，這時個體會出現暴跳如雷、亂摔東西，甚至打人、傷人等行為表現。

8.6 情緒波動反映了人的真實內心

情緒波動是人之常情、在所難免的事。情緒一直都是心理學專家們研究的焦點，它可以分為喜、怒、哀、樂、愛、恐懼等基本情緒，還可以進一步劃分為更細緻的複雜情緒。不同的情緒波動代表著不同的內心體驗。

憤怒有很多表現，如拍案大叫、暴跳如雷、失去控制、打人等。從生理體驗上講，憤怒導致腎上腺素等激素上升，胸部的起伏加快，幅度加大，甚至會出現顫慄的現象。憤怒其實反映了目的或者願望被阻礙，受到了不公正的待遇。

無法逃避的恐懼

恐懼是企圖擺脫或者逃避某種可怕的情景。有這樣一個成語，叫做杯弓蛇影，講

8.6 情緒波動反映了人的真實內心

的是一個人對蛇產生了恐懼，進而泛化為對杯子裡映射的弓箭的影子也產生恐懼。這裡的「泛化」是心理學專有名詞，意思是原本是對特定的事物如狗恐懼，可是慢慢地擴散到對所有帶毛的動物都恐懼這樣一個現象。

生活中也有很多人對蛾、狗、蝙蝠等恐懼。還有一種恐懼叫做「婚前恐懼症」。新娘一想到要離開家人，走進另一個家庭，面對各種困難和人際關係就會產生恐懼，會莫名地煩躁和發火，對有關結婚的事情更是一聽就感覺特別煩躁。

另外，在接受手術治療前，很多病人都恐懼，擔心疼痛，擔心手術的風險。特別是術後一旦感覺疼痛，馬上就會情緒失常，表現出驚慌失措，從而加劇疼痛。但是，恐懼感低的病人，情緒失調最少，對醫生和醫務人員的抱怨最少，憤怒也最少。

恐懼真實地反映了個體對特定對象的害怕和擔心。你知道嗎，心理學上在研究恐懼這種情緒波動時所使用的實驗一直被現在一些倫理道德學家批判著。

實驗中，九個月大的嬰兒艾伯特開始時只對巨大聲響表現出本能的恐懼，但是孩子對兔子、白鼠、狗和積木等並不害怕，反而會主動去摸小白鼠和小貓。

隨著實驗的深入，研究者反覆讓兔子、白鼠出現在孩子面前，並且一旦孩子有接近兔子和白鼠的傾向時，立即使用巨大的聲響，孩子聽到巨大的聲響很恐懼，從那以後，對白鼠、兔子也都表現出極度的恐懼，並且泛化到所有帶毛的動物。

實驗對小艾伯特的傷害很大，但後來孩子接受了治療，出現了好轉。權且不說這些，恐懼這種情緒波動其實就是體現了內心的害怕和逃避的心理。該實驗一直存在爭議，因為這對小艾伯特的傷害是很大的。

失望落空的悲傷

悲傷反應的是所盼望、追求的東西或者有價值的東西失去或者努力後沒有得到。這種情緒波動特別多，如失去親人之後的悲傷，離開家到遠方求學的悲傷，特別是在一些失戀的年輕人身上。

許多年輕人追求一個心儀已久的目標很長時間，可惜對方就是不接受，而自己在這麼長時間裡付出了很多，對方生日時送花送蛋糕，雨天接送回家，還經常帶著出去玩。可是，心儀的目標突然有一天為人夫或突為人婦，這樣的失落便產生了悲傷，於是號啕大哭，傷心欲絕。

8.7 學會分辨真實與虛假

因為開心而發出的笑容不僅會使雙唇後扯，嘴角上提，同時還會帶動眼部周圍肌肉的收縮，而敷衍或虛假的笑容只能引起雙唇四周肌肉的收縮。

真心的笑容是對稱的，也就是說左臉是右臉的鏡子，而虛偽的笑容是不對稱的。撒謊者的笑容出現的速度比發自內心的真笑要快，而且持續的時間也更長，看上去就好像是戴著一個笑瞇瞇的面具。

接下來，教你幾招辨別謊言的方法。

語音語調辨真偽

在日常對話中，可以從對方的語言語調中辨別他的真實情感。例如，說話緩慢而柔和，表明內心極度悲傷和焦慮；當人們對自己所說的話沒有信心時，音量就會下降；聲音的震顫可能代表反感或厭惡；說話時不停地轉換時態，極有可能正在說謊。

人在緊張時，聲帶發緊，導致聲音尖銳，語速和音量提高，表示說話者感情加

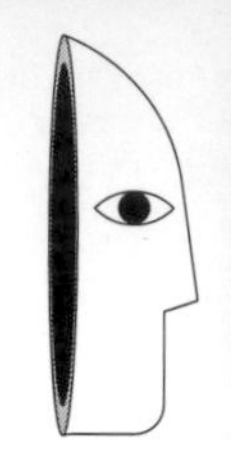

重，並正在試圖控制自己的感情，也有可能放慢語速，降低音量，話裡會帶許多語氣詞，像「嗯」、「噢」、「這個」、「那個」等，甚至結巴、停頓。

生理變化辨真偽

說謊時生理上的確會發生一些變化，如抓耳撓腮、腿腳抖動等一系列不自然的動作。此外，還有一些不易察覺的生理變化在發生，具體如下。

呼吸速率和血容量異常，表現為呼吸抑制和屏息；脈搏加快，血壓升高，血輸出量增加及成分變化，表現為面部、頸部皮膚明顯蒼白或發紅；皮下汗腺分泌增加，表現為皮膚出汗，且手指和手心出汗尤其明顯；眼睛瞳孔放大；嘴、舌、唇乾燥，表現為吞嚥困難；肌肉緊張、顫抖，導致說話結巴。

身體語言辨真偽

（1）一些安慰性的動作，暗示緊張或尷尬

在需要回應某些消極刺激物時（如很難回答的問題、令人尷尬的境遇，聽到、看到或想到什麼壓抑的事情等），我們會觸摸臉、頭、頸、肩、手臂、手或屬於安慰行為，用以緩解壓力。男性多喜歡觸摸臉部、頸部，或者校正領帶打結或襯衫領口的位置；女性多喜歡觸摸頸部、衣服、珠寶、手臂和頭髮。

（2）捂嘴巴暗示說謊或對自己所說的話沒信心

五歲的孩子說謊後會迅速地捂嘴巴，從而不讓那些不真實的話語說出口。不過隨著年齡的增長這種習慣性動作會變得隱晦，但是，成年人說謊後會舉起手，只是沒有放在嘴巴上，僅僅輕輕碰觸到鼻子之後就又重新放下了。顯然捂嘴巴的動作是一致的，只不過方式發生了改變而已。

（3）將手藏在背後，暗示隱瞞了事情

每當孩子們撒了謊，或隱瞞了什麼事情，通常都會把自己的手藏在身後。而當一個成年男人隱瞞一些事情時，動作會有些轉變，如在回答問題時把手藏在口袋裡，或者擺出一個雙臂交叉抱於胸前的姿勢。

如果你對分辨真偽感興趣，建議你在機場或者車站，研究和學習他人的肢體語

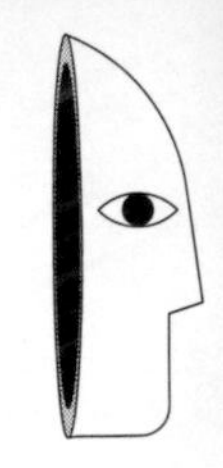

言。在這裡，人們往往會將自己心中的渴望、憤怒、悲痛、快樂、焦慮以及其他各種情感透過肢體語言的形式公開地表現出來。

觀察人們的面部表情和動作，電視也是好幫手。看電視的時候，可以將聲音關至最小，嘗試著只透過觀看電視畫面去理解劇情。然後，再將音量調高，檢查自己對劇情的推測和判斷是否準確。

8.7 學會分辨真實與虛假

電子書購買

國家圖書館出版品預行編目資料

你知道的太多了！人格心理學、行為心理學，只要你會呼吸，就能搞懂的日常心理學 / 郭琳編著. -- 第一版. -- 臺北市：崧燁文化事業有限公司, 2022.02

面； 公分

POD 版

ISBN 978-626-332-005-5(平裝)

1.CST: 心理學

170 110021611

你知道的太多了！人格心理學、行為心理學，只要你會呼吸，就能搞懂的日常心理學

臉書

編　　著：郭琳

責任編輯：鄒詠筑

發 行 人：黃振庭

出 版 者：崧燁文化事業有限公司

發 行 者：崧燁文化事業有限公司

E-mail：sonbookservice@gmail.com

粉 絲 頁：https://www.facebook.com/sonbookss/

網　　址：https://sonbook.net/

地　　址：台北市中正區重慶南路一段六十一號八樓 815 室

Rm. 815, 8F., No.61, Sec. 1, Chongqing S. Rd., Zhongzheng Dist., Taipei City 100, Taiwan

電　　話：(02) 2370-3310　　**傳　　真**：(02) 2388-1990

印　　刷：京峯彩色印刷有限公司（京峰數位）

定　　價：350 元

發行日期：2022 年 02 月第一版

◎本書以 POD 印製